PENSER DIGITAL

Groupe Eyrolles
61, bd Saint-Germain
75240 Paris Cedex 05
www.editions-eyrolles.com

Création de maquette et composition : Soft office

ISBN : 978-2-212-56775-5

DAVID AUTISSIER
ALEXANDRA LANGE
SÉBASTIEN HOULIÈRE

PENSER DIGITAL

Les RH au cœur de la dynamique de transformation

EYROLLES

Sommaire

Préface. Les RH et la transformation digitale 11

Partie 1.
Le digital pour mettre l'entreprise en mouvement

Chapitre 1. Informatique, web, numérique et digital 15

Chapitre 2. Un nouveau cycle schumpétérien avec le digital? 21

Chapitre 3. La logique du *et* digital 25

Chapitre 4. Le classement de la maturité digitale des entreprises 27

Chapitre 5. Les entreprises les plus digitales seraient-elles aussi les plus rentables? 29

Chapitre 6. Y a-t-il un ADN digital? 33

Chapitre 7. La portabilité au cœur du digital 35

Portabilité 36

Dématérialisation 37

Automatisation 37

Les enjeux du digital 38

Chapitre 8. Une société en mutation 41

Chapitre 9. L'importance de se mettre en mouvement 45

Le manager, au cœur des tensions 45

Du faire mieux au faire bien 48

De la maîtrise au lâcher-prise 49

De la hiérarchie au réseau 50

De la planification à la sérendipité 50

De la solution à la contribution 50

Partie 2. L'expérimentation digitale du Groupe AG2R LA MONDIALE

Chapitre 10. Présentation 55

Le programme « Connectons nos talents » 56

Les Rencontres du management « Management et digital » 57

Chapitre 11. Une enquête en amont pour prendre la température 63

Chapitre 12. Hackathons et séminaires de mobilisation 67

Le triptyque expérimentation, innovation, collaboration 68

La mise en place du hackathon 69

Les quatre rôles des participants 71

Atelier 1 : état des lieux de l'existant 74

Atelier 2 : cartographie des difficultés 78

Atelier 3 : idées de fonctionnalités 79

Atelier 4 : scénariser les cas d'utilisation des fonctionnalités 80

Chapitre 13. L'application Connect & Moi® 85
Les fonctionnalités de l'application Connect & Moi® 88
Fonctionnalité Découvre & Moi® 89
Fonctionnalité Trouve & Les® 91
Fonctionnalité Partage & Moi® 95
Une diffusion virale 98

Partie 3.
Les apprentissages de l'expérience digitale

Chapitre 14. La maturité digitale des managers 105
La grille de Bales 107
Les postures de Saint-Arnaud 108

Chapitre 15. Les processus d'appropriation du digital par les managers 111
Influences globales du digital sur la dynamique de groupe 112
Émergence de schémas d'organisation du groupe 116

Chapitre 16. Des trajectoires de maturité digitale 121
La maturité digitale : des postures individuelles 122
Le processus de maturité digitale : trois trajectoires types 124
Trajectoire 1 : débutants bienveillants (45 %) 124
Trajectoire 2 : débutants réfractaires (35 %) 125
Trajectoire 3 : experts (20 %) 126
L'influence des trajectoires de maturité digitale sur l'organisation 127

Chapitre 17. Typologie des managers par rapport au digital... 129

Les managers face au digital ... 129

Vers un leadership digital ... 133

Chapitre 18. Un fonctionnement en projet agile ... 135

Rôle de *community manager* ... 136

Partie 4.
Quelques outils mobilisés

Chapitre 19. Le questionnaire des besoins digitaux des managers ... 143

Chapitre 20. Le questionnaire de maturité digitale des managers ... 155

Chapitre 21. Les méthodes agiles ... 165

Les méthodes classiques ... 166

Les méthodes agiles ... 167

Chapitre 22. Le codéveloppement ... 169

Chapitre 23. Le *design thinking* ... 173

Conclusion. Cascade de non-opérabilité, évolution des postures managériales, quelles perspectives de développement pour les managers des grandes organisations à l'aune de la transformation digitale ? ... 177

La cascade de non-opérabilité ... 177

Utilisation de l'App Connect & Moi® : les chiffres ... 180

Vers d'autres typologies de managers ... 182

Leader connecté : être une sentinelle connectée aux changements sur son secteur d'activité 184
Leader innovateur : expérimenter pour développer l'agilité et la réactivité 185
Leader animateur : animer la diversité dans son équipe 187
Leader communiquant : être un communicant multicanal 189
Leader inspirant : partager ses idées avec passion 192

Bibliographie 193
Les auteurs 195
Remerciements 197
Index 199

Préface

Les RH et la transformation digitale

Le digital apparaît comme la vague technologique d'automatisation des processus internes au service direct du client. La transformation digitale est en marche. Elle se traduit par des impulsions technologiques et entrepreneuriales, mais aussi avec l'apparition de start-up qui créent des territoires concurrentiels pouvant altérer de manière significative les marchés des entreprises en place. Le digital est le nouveau visage de l'informatique et de l'automatisation qui redessinent les produits, les métiers, les organisations et les compétences. En cela, le digital est une technologie comme une autre qui recompose le paysage concurrentiel en modifiant les modèles de business des entreprises.

Comme tout changement, il s'agit de faire un lien entre un existant connu et un futur à construire. La fonction RH se doit d'accompagner cette transformation en dotant notamment l'entreprise d'une culture digitale. Une culture est un ensemble de valeurs et modes de fonctionnement incarnés dans l'activité quotidienne et que les salariés mobilisent pour opérer leur métier et communiquer entre eux. Il s'agit alors d'appréhender la transformation digitale d'un point de vue comportemental : les salariés du Groupe AG2R LA MONDIALE, et plus particulièrement les managers, ont-ils le réflexe digital ? Ont-ils intégré cette technologie dans leur fonctionnement et cherchent-ils à mobiliser cette technologie dans une logique d'innovation et d'amélioration continue ? D'où le titre de cet ouvrage, *Penser digital*. Les managers pensent-ils digital ?

Pour répondre à cette question et apporter des éléments de réponse, nous nous sommes appuyés sur un dispositif déjà existant auprès des managers, les Rencontres du management. Ces rencontres sont organisées tous les dix-huit mois pour les 700 managers du groupe en format résidentiel. La première initiative a été lancée en 2011 et a marqué les participants par son format collaboratif. Les managers, sur un sujet donné, alternent des phases d'ateliers avec des moments de restitution et d'enrichissement collectif. Le séminaire est finalisé par une production collective servant l'entreprise, l'activité des managers et constituant une innovation.

La fonction RH, au travers de son département formation, s'est inscrite dans cette dynamique de transformation : prendre un sujet clé pour l'entreprise et en faire une expérimentation auprès des managers pour initier des réflexes qui constitueront les initiatives de demain et les résultats d'après-demain. En cela, la fonction RH est également un acteur de la transformation de l'organisation en créant les occasions et moments clés auprès des principaux relais de l'entreprise que sont les managers. Ces moments sont travaillés de telle manière qu'ils deviennent des points de bascule, des révélateurs d'intérêt et d'importance sur un sujet. Le département formation a renouvelé ses formats et ses modalités afin que les bénéficiaires expérimentent et c'est cette expérimentation qui permet la compréhension et l'action.

Après la publication en 2013 de *Penser management*, cet ouvrage permet la capitalisation et le partage d'expérience. Il s'agit de formaliser les sujets traités (le management, le digital) mais aussi la manière de gérer le changement et de mettre l'entreprise en mouvement : en lui faisant vivre des expériences et en traçant ces mêmes expériences pour que ces dernières perdurent dans le temps. Peut-être est-ce une autre manière de faire du changement dans les entreprises ?

Paule Arcangeli, membre du Comité Exécutif
du Groupe AG2R LA MONDIALE,
en charge des Ressources Humaines

Partie 1

Le digital pour mettre l'entreprise en mouvement

La technologie a depuis toujours influencé et structuré la société, son fonctionnement et les entreprises. La machine à vapeur et l'énergie électrique ont créé l'industrie moderne, le taylorisme et la société de consommation – pour faire simple. La technologie informatique existe de manière structurelle depuis une cinquantaine d'années en tant qu'outil d'automatisation transactionnel. L'économie du service a profondément été reconfigurée par l'informatisation, la « webisation » et maintenant la digitalisation en automatisant des transactions réalisées auparavant manuellement. La particularité de la technologie digitale est de créer un accès portable, sans contrainte de temps et d'espace, à des fonctionnalités. Du fait de la généralisation des *smartphones* et des langages de programmation, la technologie digitale modifie nos habitudes de consommer (utilisation de Uber, la vente en ligne, etc.) mais également l'organisation du travail (de plus en plus de travailleurs indépendants) et de la société (importance des réseaux sociaux).

Le digital ne serait pas une évolution, mais une révolution en créant des ruptures d'habitudes de consommation mais aussi d'organisation du travail et de la société. Pour une entreprise, le digital est à la fois une contrainte et une opportunité de reconstruire son business model. Par business model, nous entendons la quadrilogie suivante: «les clients/les produits/la création de valeur/le fonctionnement». L'émergence des GAFA (Google, Amazon, Facebook, Apple), et surtout de leur puissance financière et d'influence, montre un changement de paradigme sociétal. Ces entreprises ont des chiffres d'affaires supérieurs à certains PIB nationaux et sont caractérisées par des croissances très rapides et par la maîtrise de la technologie «digitalo-informatique».

Le mouvement est en marche et les entreprises, au risque de disparaître, ne peuvent pas rester sur le bord de la route du digital. Cet ouvrage retrace l'expérience du Groupe AG2R LA MONDIALE et du travail réalisé pour mettre en mouvement ses lignes managériales et leur permettre d'acquérir et développer les comportements clés pour faire de la transformation digitale de l'entreprise un succès.

Chapitre 1

Informatique, web, numérique et digital

Dans leur ouvrage, *La Transformation digitale des entreprises*[1], David Autissier et Emily Métais-Wiersch avancent l'idée d'un point de bascule dans les entreprises françaises en matière digitale en 2012. Le thème et les expérimentations étaient déjà présents avant cette date, mais cette étape temporelle correspond à une prise de conscience par les entreprises quant à l'importance stratégique du digital. Cela s'est matérialisé par le lancement dans de nombreuses entreprises de stratégies digitales et la création de postes de responsable digital ou *chief digital officer*.

1 Eyrolles, 2016.

CHIEF DIGITAL OFFICER (CDO)

Selon une étude Accenture publiée en 2015 (175 entreprises françaises ont été interrogées par Accenture), 85% des sociétés françaises déclarent avoir un *chief digital officer* (CDO) ou un dirigeant nommé à un poste aux fonctions à peu près comparables. En février 2015, une étude, menée à l'échelle du CAC 40 par la société de conseil Lecko, donnait le chiffre de 40%. Mais la définition de cette fonction encore jeune dans les organisations varie d'une entreprise à l'autre. Accenture a identifié quatre rôles majeurs. «Il n'y en a pas un meilleur que les autres, chacun s'adapte à un niveau différent de maturité digitale de l'entreprise», souligne l'étude d'Accenture.

Le *digital strategist*

Au contact du comité exécutif (COMEX), il doit servir d'agent de changement. Son rôle est peu visible dans l'immédiat, mais indispensable pour convaincre les autres dirigeants de réfléchir à l'impact du numérique sur la stratégie de l'entreprise. Souvent, il ne dispose que de peu de budget.

Le *digital marketing leader*

Ce CDO se concentre sur la génération de chiffre d'affaires en ligne. Sa mission est de créer de nouveaux clients pour l'entreprise en passant par les nouveaux canaux (web et réseaux sociaux par exemple). C'est souvent par là que commencent les entreprises au contact des consommateurs. Pour lui, le numérique n'est pas une opportunité pour optimiser les process internes.

Le *digitalisation leader*

Il travaille sur la chaîne de valeur, c'est-à-dire la chaîne de production. Son objectif est de l'améliorer grâce aux innovations numériques et aux nouvelles organisations du travail qu'elles permettent. Il ne s'intéresse pas aux gains réalisés sur la vente grâce aux nouveaux canaux.

Le *digital transformation leader*

C'est lui qui a la vision la plus large de l'entreprise. Il transforme auprès des métiers et des fonctions supports, à la recherche d'opportunité de croissance et d'efficacité en interne. Pour Accenture, c'est dans ce rôle que le CDO a le plus d'impact sur l'entreprise.

Les grands groupes tels qu'AG2R LA MONDIALE ont cherché à investiguer la thématique du digital par de multiples expérimentations tant sur les outils que sur les fonctions et les usages métiers à partir de 2012. Les entreprises ont dû faire leur révolution interne pour penser le digital comme un sujet distinct de l'informatique même si les deux notions sont souvent intimement liées. Le digital utilise la technologie informatique avec les télécommunications pour proposer des usages existants et nouveaux de manière portable sans contrainte de temps et d'espace. Il est possible de réaliser des transactions à partir de son téléphone portable de n'importe où et à n'importe quelle heure. Cette notion de portabilité n'est pas simplement une fonctionnalité supplémentaire mais une manière de fonctionner qui amène à des réflexions sur les produits, les clients, les fonctionnements, les organisations et les compétences.

Les années 1980 ont été celles de la micro-informatique et des infrastructures client/serveur, les années 1990 celles du web, les années 2000 celles du numérique au sens « maîtrise de la data dans une logique de flux » et les années 2010 celles du digital au sens de technologies informatiques portables qui permettent de nouveaux usages et de nouvelles données à gérer. Il y a parfois une confusion entre la notion de numérique et de digital, que l'on utilise pour désigner les technologies informatiques portables avec des programmes, des données et des supports. La notion de numérique renvoie davantage à la notion d'informatisation de la donnée et par conséquent à l'automatisation de son traitement et de sa mise en valeur. « Digital » (dont l'étymologie renvoie à la notion de doigt) désigne la technologie portable en terme d'usage. D'où notre choix d'utiliser le terme digital et non numérique, même si le digital accentue la notion de numérique avec l'importance de la gestion de la donnée.

DIGITAL

On entend souvent le terme «digital» dans l'univers du web, mais sait-on d'où vient ce terme et ce qu'il signifie vraiment ?

Tout d'abord, le terme «digital» nous vient des États-Unis. En effet, à la base, c'est un américanisme populaire. Le terme scientifique anglais est «*numerical*», traduit en français par «numérique», système ou procédé basé sur les nombres. Alors, d'où vient cette utilisation très répandue du mot «digital»?

C'est dans les années 1980 que le terme «digital» s'est mis à être utilisé à la place de «numérique». Cela en raison de l'extension erronée de «*digital display*» ou affichage à sept segments... C'est le système qui affiche encore l'heure sur notre radio-réveil ou sur la minuterie de notre four. Le succès de ces afficheurs à sept segments, ou *seven digits* en anglo-américain, a rendu le terme «*digital display*» extrêmement populaire. Il a alors commencé à être utilisé pour tous les affichages de nombres, puis pour tout système numérique. Tout comme le frigidaire par exemple, qui est passé d'un nom de marque à un nom commun, utilisé par tous.

Aujourd'hui, bien que la technologie ait fait évoluer l'affichage à sept segments vers un affichage à matrice de points, le mot «digital» est resté. Son passage dans le langage courant a également été facilité par l'apparition de nombreuses marques utilisant le mot «digital», comme Dolby Digital par exemple.

Mais si «digital» ne signifie pas vraiment «numérique», alors que veut-il dire?

Le terme «digital» tire ses origines du mot latin «*digitum*» qui signifie «doigt» et n'a en fait aucun rapport avec nombre ou numérique. Le seul vrai calculateur digital reste le boulier, instrument très ancien, toujours employé en Asie et qui nécessite qu'on se serve de ses doigts pour compter!

Vous l'aurez donc compris, d'un point de vue étymologique pur, le mot «digital» n'a décidément rien à voir avec internet. Nous venons de le pointer du doigt!

Chapitre 2

Un nouveau cycle schumpétérien avec le digital?

2012 marque le début du cycle de transformation digitale en France. Avec la volonté de trouver des solutions à la crise de 2008 et de construire de nouveaux avantages concurrentiels, les organisations envisagent le digital non plus comme une forme d'équipement technologique, mais comme une stratégie différenciante.

Schumpeter disait que « la croissance est un processus permanent de création, de destruction et de restructuration des activités économiques. » Le progrès technique est au cœur de l'économie : après une innovation de rupture due à un progrès technique (la vapeur, les circuits intégrés, l'informatique, l'internet, les nanotechnologies), d'autres innovations sont portées par ces découvertes ». Internet, dont l'usage s'est démocratisé dans les années 1990 auprès du grand public, a fait émerger au milieu de cette même décennie son propre modèle économique. Avec le e-commerce ou vente en ligne, avec l'avènement des GAFA (Google, Amazon, Facebook, Apple) :

- Google a créé son système de monétisation de la publicité ou de la position des résultats de recherche ;
- Amazon s'est imposé comme leader du e-commerce ;

- Facebook a développé et normalisé l'usage « social » de l'internet avec les réseaux d'intérêts communs, les conversations communautaires ;
- Apple a permis la consommation de contenus culturels digitalisés, musiques, vidéos sur son micro-ordinateur puis en mobilité sur son baladeur numérique ou iPod. Apple a également fait émerger le marché du *smartphone* ou téléphone intelligent (l'iPhone), qui exploite toute la richesse et la continuité avec internet grâce à l'internet protocole (IP) *via* les nouvelles générations de réseaux mobiles dits « data ».

Ces acteurs purement digitaux suscitent beaucoup de fascination. Ils constituent pour les nouvelles générations d'entrepreneurs (start-up notamment) une sorte d'idéal de développement pour des raisons sociologiques et économiques telles que :

- l'adoption massive des populations ;
- l'usage quotidien devenu un standard international incontournable ;
- des valorisations boursières et levées de fonds impressionnantes.

La plupart des entreprises existantes ne sont pas des GAFA. Elles ont des produits, des marchés et des clients existants. Elles ne peuvent pas envisager le digital à la manière des GAFA en constituant un nouveau marché sur celui-ci, mais doivent composer avec leur histoire et leur existant. Ces entreprises disposent d'une histoire, d'actifs propres (qui sont un capital et des atouts considérables pour poursuivre leur développement) et de barrières à l'entrée (par exemple, un réseau d'agences, la technicité de certaines offres, ou encore des réglementations nationales ou internationales constituent des actifs protecteurs pour des assureurs ou des banquiers).

COMMENT DÉFINIR LE TERME «START-UP»?

Beaucoup de définitions existent sur le web. Nous tentons dans cet encadré de déterminer le faisceau d'éléments permettant de définir le terme de «start-up». Dans «start-up», il y a l'idée de démarrage («*start*») et l'idée de croissance forte («*up*»). Deux idées qui sont l'essence même de la start-up.

Une start-up est une entreprise, mais elle est plus qu'une simple entité. Une start-up, c'est un état d'esprit, une vision portée par son fondateur et qui agit sur un marché en création ou instable. De ce fait, elle ne dispose pas d'un business model fixe et explore les possibilités. L'entreprenariat est donc une composante forte de la notion de start-up.

Pour Eric Ries, auteur du best-seller *The Lean Startup*[1], une start-up est «une institution humaine conçue pour créer un nouveau produit ou service dans des conditions d'incertitude extrême».

D'après Patrick Fridenson, historien des entreprises, être une start-up n'est pas une question d'âge, ni de taille, ni de secteur d'activité. Il faut répondre aux quatre conditions suivantes:

- avoir une forte croissance potentielle;
- utiliser une technologie nouvelle;

1 Pearson, 2012.

- avoir besoin d'un financement massif, les fameuses levées de fonds;
- être sur un marché nouveau dont le risque est difficile à évaluer.

Les start-up doivent aussi travailler à augmenter leurs «scalabilités», c'est-à-dire leurs capacités à maintenir une forte rentabilité malgré la montée en charge. Mais elles doivent aussi créer une très forte traction, autrement dit la capacité à attirer beaucoup d'utilisateurs et à faire parler d'elles.

Certains différencient les start-up d'entreprises classiques du fait de leur capacité à décorréler leur structure de coûts de leur chiffre d'affaires, de façon à générer une courbe de rentabilité exponentielle.

Chapitre 3

La logique du *et* digital

Les entreprises en général et les grands groupes en particulier sont confrontés à ce que nous nommons la « logique du *et* ».

Ils doivent faire converger leurs métiers et organisations historiques (fondés sur un management et un fonctionnement industriels) avec la nouvelle donne digitale en digitalisant leur existant et/ou en utilisant le digital pour créer de nouveaux produits et services (développement fondé sur un management et une organisation dits « agiles »).

Les entreprises devront gérer un nouveau portefeuille de produits entre ceux qui seront digitaux, manuels et mixtes. Ce nouveau mix devra se faire sous deux contraintes, celle de la rentabilité et celle de la valeur proposée aux clients. Certaines prestations pourront être totalement dématérialisées, alors que d'autres le seront partiellement, voire pas, avec un système d'information, des organisations et des compétences.

Ces analyses découlent du décryptage de plusieurs modèles d'entreprise. Uber, par exemple, est une entreprise technologique américaine qui développe des applications mobiles de mise en relation de personnes cherchant un service de transport avec des conducteurs qui peuvent les honorer, sans toutefois disposer d'une licence de taxi formelle. La force de ce concept est qu'elle donne le pouvoir au consommateur d'accéder à son service en mobilité ou au domicile, dans la plus grande flexibilité horaire et géographique, avec une garantie de satisfaction de ses besoins.

Kodak, acteur majeur historique de la photographie argentique (mais aussi de produits et services pour le cinéma, de radiologie et d'impression), avait bien anticipé le développement de la photographie numérique, mais a péché par excès de tradition en termes de circuits de distribution. Kodak n'a pas su exploiter les nouveaux canaux d'achats digitalisés comme internet.

Apple a introduit son innovation iPhone selon un modèle de R&D totalement nouveau. En agrégeant plus de 300 brevets, dont de nombreux brevets externes, le génie du modèle réside dans la vision d'ensemble, la conception du plan global, l'intégration intelligente de sous-parties du produit et la validation du produit assemblé. Apple s'est appuyé sur l'écosystème marché. Il a ouvert la porte à un nouveau paradigme de recherche et développement et d'innovation. On parle d'innovation ouverte et collaborative. L'innovation se fait en réseau et en cofinancement avec des start-up, des universités et grandes écoles, d'autres entreprises et le client.

L'enjeu pour les industries traditionnelles de biens ou de services réside donc bien dans l'articulation entre les process et management traditionnels permettant d'allier puissance de frappe et coûts maîtrisés *et* des fonctionnements agiles et *bottom-up* (*spin off*, *lab*, expérimentations, etc.) permettant de s'adapter à des marchés rapides, fortement concurrentiels et émergents.

Chapitre 4

Le classement de la maturité digitale des entreprises

Tous les ans, le journal *Les Echos* publie le classement de la maturité digitale des entreprises en analysant plusieurs variables que sont la visibilité en ligne de l'entreprise, l'écosystème digital dont elle dispose, la maîtrise des technologies digitales, la culture digitale de ses employés et la maîtrise de la sécurité, notamment des données. Toutes ces notions sont évaluées pour constituer, selon des pondérations, un indice global. Cet indice nous renseigne sur des thématiques concrètes par lesquelles se matérialise le digital dans le fonctionnement des entreprises. Cet indice constitue également une valeur relative qui s'apprécie dans la durée et en fonction de l'évolution des différents items permettant une analyse dans le temps de la maturité digitale des entreprises les unes par rapport aux autres, et notamment celles du même secteur, comme le montre la figure suivante.

Classement des entreprises en maturité digitale

Entreprise	Palmarès 2015	*Palmarès 2014*	Note obtenue	Évolution
Axa	1	*22*	16,85	↑
Engie	2	*5*	16,18	↑
BNP Paribas	3	*29*	16,24	↑
Société Générale	4	*4*	15,64	=
Schneider Electric	5	*1*	14,87	↓
Vivendi	6	*3*	13,82	↓
Orange	7	*8*	13,45	↑
Accor	8	*23*	12,85	↑
Airbus Group	9	*NC*	12,24	
Crédit Agricole	10	*NC*	11,76	
Publicis	10	*2*	11,76	↓

Source: Classement eCAC 40, d'après lesechos.fr

Chapitre 5

Les entreprises les plus digitales seraient-elles aussi les plus rentables ?

Capgemini Consulting et le MIT ont réalisé en 2014 une étude sur le lien entre transformation digitale et performance. Le résultat de cette étude tend à montrer que les entreprises les plus matures en termes de transformation digitale seraient 26 % plus performantes que la moyenne des entreprises de leur secteur[1]. Cette étude a été réalisée par la conduite de 400 entretiens avec des dirigeants d'entreprises mondiales. Ils ont été interrogés sur leur utilisation des technologies digitales et l'intensité du processus de transformation au regard des moyens alloués. Le croisement du « quoi », du « comment » et des résultats économiques a permis aux personnes en charge de l'étude d'avancer la notion d'« avantage digital ».

Les travaux réalisés par le MIT sur le thème des stratégies digitales en partenariat avec le cabinet de conseil Capgemini en 2014 ouvrent quant à eux un champ d'investigation sur le thème de l'intensité digitale. L'intensité digitale est appréciée selon deux axes.

1 http://www.magazinedesaffaires.com/les-entreprises-a-la-pointe-en-matiere-de-digital-sont-plus-profitables/

Le premier axe est celui de la digitalisation des processus de l'entreprise. Cela consiste à lister les processus de l'organisation, à s'assurer de leur éligibilité digitale et à mesurer leur niveau de digitalisation. Cela produit un pourcentage représentatif des efforts digitaux consentis dans une organisation.

Le second axe est celui de l'intensité de portage du digital par la ligne managériale et comment cette dernière s'approprie les enjeux, les méthodes et les postures de la transition digitale tout en prenant conscience du changement de posture qui s'opère à leur niveau. Ce second axe est clé, car il s'intéresse non pas à la technologie, mais à la capacité d'une organisation à porter les changements pour que cette technologie se déploie.

Le croisement des deux axes a produit la matrice d'intensité digitale du MIT (voir page suivante) qui permet de représenter une typologie des organisations. On peut ainsi parler de maturité digitale endogène car les deux axes portent sur des éléments internes. Ces deux axes donnent aussi des pistes aux entreprises pour définir des actions en vue de construire une stratégie digitale. Une stratégie digitale pensée à partir de cette matrice se décompose en deux axes.

Le premier vise à définir les processus critiques en termes de digital et les alternatives technologiques pour cela. Les processus peuvent ainsi faire l'objet de projets de manière séparée ou par grappes en fonction des contraintes technologiques et organisationnelles.

Le second vise à former la ligne managériale à son double rôle de relais et de coconstructeur des processus digitaux avec l'accompagnement des changements organisationnels, de gouvernance et de posture. Au regard des développements sur les usages et la construction sociale de la technologie, les managers et tous les relais d'influence ont un rôle clé qui, pour être effectif, nécessite bien souvent un changement de posture de leur part.

MATRICE D'INTENSITÉ DIGITALE DU MIT

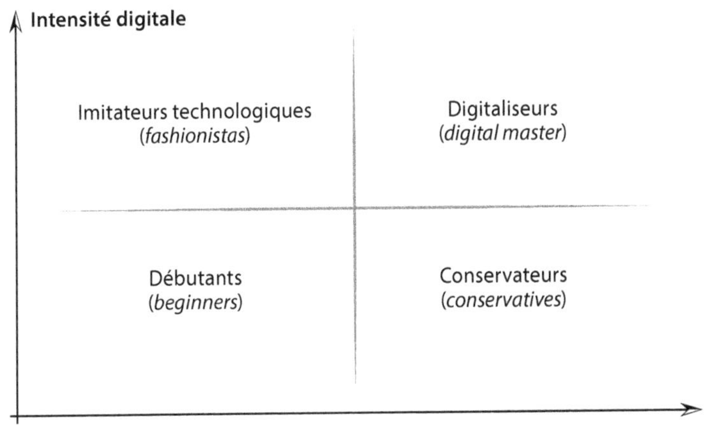

La matrice distingue les *débutants* avec peu de processus en voie d'être digitaux et un portage quasi nul par la ligne managériale. La stratégie digitale se limite alors à quelques expériences technologiques isolées difficilement généralisables.

Les *conservateurs* sont une catégorie intéressante. La ligne managériale est très motivée et compétente pour le changement, mais mobilise peu le digital pour cela.

Les *imitateurs* technologiques représentent ceux qui pensent que le changement se fait uniquement par l'outil. Ils adoptent toutes les technologies à la mode sans s'assurer de leur utilité et du portage de ces dernières par les lignes managériales.

Les *digitaliseurs* sont les plus compétents pour opérer la transition digitale. Ils veulent et savent recourir aux technologies tout en mobilisant la ligne managériale. Ils disposent d'un réseau de leaders avec lequel ils montent des dispositifs expérientiels pour faire bouger les lignes et ainsi faire évoluer les usages en en créant de nouveaux.

Dans l'étude de 2014, les entreprises appelées *digital master*, celles qui ont le niveau de maturité digitale le plus élevé, sont 26 % plus profitables et ont une valorisation sur les marchés financiers supérieure de 12 % par rapport à leurs homologues.

L'étude montre que certains secteurs sont plus en avance que d'autres. Pour cela, l'étude détermine le pourcentage de *digital master* dans les différents secteurs. Ainsi, la haute technologie et la banque ont respectivement 38 % et 35 % de *digirati* contre 12 % dans l'industrie et 7 % dans la pharmacie. Une des explications avancées à ces différences est l'engagement des dirigeants dans la transformation digitale de leur entreprise.

Chapitre 6

Y a-t-il un ADN digital ?

En analysant les entreprises qualifiées de *digital master*, l'étude (voir chapitre 5) avance l'idée d'un ADN digital sous la forme de bonnes pratiques rencontrées dans ces mêmes entreprises.

Ces bonnes pratiques sont les suivantes :

- vision forte sur le digital portée par la direction générale et diffusée dans l'ensemble de l'entreprise ;
- programmes de formation massifs sur le digital, notamment en direction des managers ;
- rapprochement des équipes informatiques avec les métiers ;
- évolution de la gouvernance pour faire entrer le digital dans les processus décisionnels ;
- priorisation sur quelques projets de développement avec le souci de devenir leader avec ces mêmes processus ;
- travail sur la donnée, notamment en interne.

Selon George Westerman, professeur au MIT et coauteur du rapport cité au chapitre 5, « il faut plus que des investissements financiers pour réussir la transformation digitale d'une entreprise, cela requiert leadership et vision de la direction générale. La transformation digitale exige une réelle organisation managériale et la mise en place d'une stratégie de conduite du changement tout autant que le bon usage des nouvelles technologies. Il s'agit donc d'un exercice qui requiert des compétences dont seuls les dirigeants ont la légitimité. Bien qu'il n'existe pas un modèle unique de transformation digitale, nous avons identifié des traits communs au sein des entreprises qui réussissent à tirer parti de son avantage. Toutes les autres peuvent utiliser cet ADN digital pour construire leur avantage concurrentiel. Néanmoins, chefs de file et retardataires doivent reconnaître qu'il s'agit d'un processus en constante évolution et le leader numérique d'aujourd'hui ne peut se contenter de rester sur ses acquis et doit sans cesse innover».

Avoir un ADN digital serait donc intégrer le mouvement permanent dans son quotidien managérial et organisationnel.

Chapitre 7

La portabilité au cœur du digital

La grille de lecture du MIT sur la maturité digitale selon différents axes permet aux organisations à la fois de mieux comprendre le phénomène et d'envisager des trajectoires de transition digitale. Les travaux du MIT avec leur matrice d'intensité digitale introduisent la notion de portage par les managers. L'observation de situations digitales nous a amenés à définir ce concept au travers des éléments suivants : portabilité, automatisation, dématérialisation[1].

1 David Autissier, Jean-Michel Moutot, *Le Changement agile*, Dunod, 2015.

LES TROIS COMPOSANTS DU DIGITAL

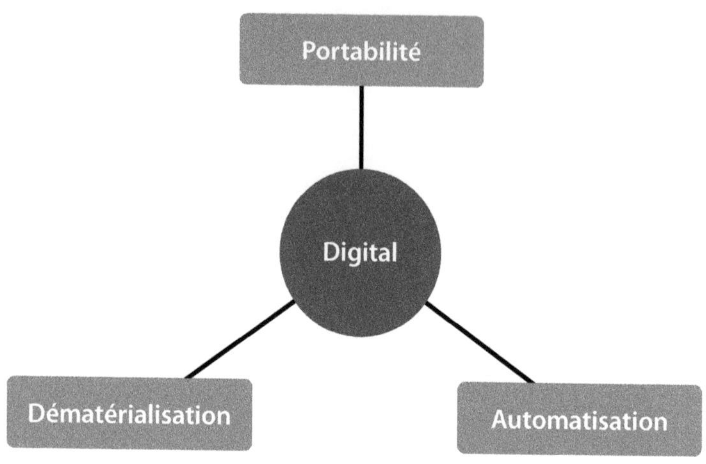

Portabilité

Le digital est un ensemble d'applications informatiques qui sont dites « portables » ou encore « mobiles ». Ces applications sont développées avec des langages qui permettent une portabilité de ces dernières sur différents supports tels que des ordinateurs de bureau mais aussi des tablettes et des *smartphones*. Les applications « client/serveur » nécessitant un ordinateur fixe pour être utilisées sont remplacées par des applications accessibles par un navigateur web et/ou directement accessibles sur un serveur avec une connexion web. Les applications (commerciales, de gestion des entrées ou de partage de documents) sont accessibles sur des supports portables permettant une liberté d'action qui n'était pas permise avec l'utilisation d'un ordinateur fixe de bureau.

Dématérialisation

Avec un objectif informationnel mais surtout transactionnel, les applications digitales dématérialisent tout ou partie d'un processus. De nombreux exemples montrent des processus réalisés de manière dématérialisée sans qu'il y ait une intervention humaine et aucun document imprimable. Les informations sont saisies et génèrent des traitements dont toutes les transactions et données sont mémorisées. En mettant le client (le demandeur) en situation de coproducteur (il saisit lui-même des informations concernant sa demande), il est possible de dématérialiser le processus. Les informations numérisées suffisent à exécuter les actions qui conditionnent la réalisation de la prestation.

Automatisation

Les applications informatiques ont pour avantage de produire une transaction (une réservation d'un véhicule par exemple) avec une mémorisation des données et des traitements réalisés. Cette mémorisation permet d'activer de manière automatique d'autres actions dépendantes. Par exemple, l'application Uber permet l'édition automatique du reçu de paiement et l'alimentation de l'historique des transactions. Sans intervention humaine, les actions s'enchaînent à partir de règles de gestion issues de l'observation des pratiques. Cette automatisation permet une rapidité d'exécution dans l'enchaînement des étapes d'un processus.

Ces trois caractéristiques du digital induisent des enjeux par lesquels le digital constitue sa légitimité et son attractivité au-delà d'un effet mode.

Les enjeux du digital

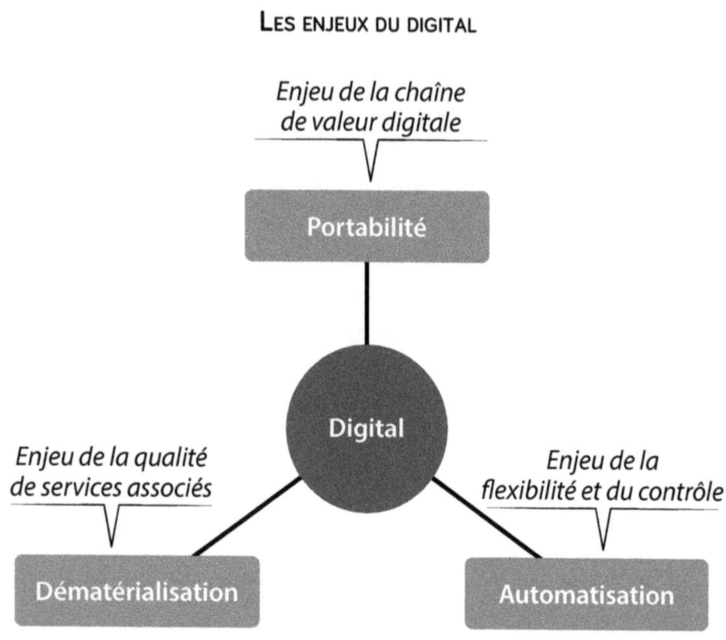

La dématérialisation conduit à l'enjeu de *qualité de services associés*. Au siège de la SNCF à Saint-Denis, l'accueil des visiteurs se fait avec des tablettes, et les personnes en charge de l'accueil viennent à la rencontre des visiteurs. L'exemple de l'accueil de la SNCF montre que la portabilité applicative permet de modifier la relation aux personnes. Ce n'est plus le visiteur qui va vers le personnel d'accueil mais l'inverse, créant ainsi une perception d'importance créatrice de valeur. Cela permet de développer des services associés avec une valeur d'expertise et/ou relationnelle.

La dématérialisation tire également l'enjeu de la *valeur ajoutée d'une chaîne digitale* en veillant à utiliser les fonctionnalités différenciantes du digital pour opérer une forme de ré-*ingeniering* avec un objectif d'excellence opérationnelle et d'apport de valeur supplémentaire.

Chaque activité du processus est analysée en termes de coût, de qualité et d'apport de valeur différenciante pour les clients internes et externes. Le fait d'avoir des données sur l'historique des transactions permet de proposer aux clients des analyses sur leurs pratiques par exemple.

L'automatisation amène l'enjeu de la *flexibilité et du contrôle.* Au début de l'informatisation des systèmes de gestion, il n'était pas rare de voir un client continuer à acheter, même s'il n'avait pas payé ses dernières factures en créant tout simplement un nouveau compte client. Tout processus automatisé nécessite des points de contrôle pour éviter les malversations mais aussi les erreurs de saisie pouvant conduire à des réalisations contraires aux souhaits initiaux. Les principales questions de contrôle sont :

- Quels sont les points de contrôle ?
- Qui en est à l'initiative ?
- Quels sont la procédure de contrôle et les niveaux de délégations décisionnelles ?
- Quels sont les points de sorties des actions de contrôle ?

Un autre enjeu réside enfin dans la *flexibilité*. Par exemple sur un site marchand, il est demandé de faire livrer une partie d'une commande à une adresse et le reste à une autre, alors que le site propose une seule adresse de livraison. Les règles de gestion des applications sont décrites pour couvrir le maximum de situations rencontrées. Mais il y a toujours des exceptions qui confirment la règle. Comment traiter ces situations pour que les applications servent l'activité sans la contraindre de telle manière que cela détériore ses fonctionnalités ? Un peu comme les modalités de contrôle, il s'agit d'avoir des dispositifs de traitement de ces besoins de flexibilité pour enrichir les fonctionnalités des applications.

Chapitre 8

Une société en mutation

L'e-mail, les réseaux sociaux et l'e-business ont modifié de nombreux usages quotidiens. Les billets de train et d'avion se réservent par internet. Passer par Booking est devenu un réflexe pour trouver un hôtel, etc. Les réseaux sociaux mettent votre vie à jour en temps réel auprès de vos connaissances. Une publicité d'Orange pour vanter les mérites de la technologie 4G montrait la scène suivante : un père va voir son fils jouer un match de football, le prend en photo à l'aide de son *smartphone* et envoie cette photo montrant l'enfant en train de réaliser un geste technique sur les réseaux sociaux. Déferle alors une vague de commentaires et d'avis qui transforment ce geste en fait de société et qui métamorphosent le terrain de football amateur en stade professionnel. L'objectif est de montrer comment les technologies de la communication transforment un environnement par la communication mondiale et immédiate de ce même environnement.

Facebook est l'illustration même de ce mode en réseau mondialisé ringardisant les autres formes de communication, mais aussi d'organisation. Les applications telles que WhatsApp, Twitter, Pinterest, etc., basées sur le collaboratif, connaissent des croissances spectaculaires. L'enseignement sera complètement revu avec les MOOC ou les *webinar* comme bon nombre d'autres métiers conduisant ainsi à s'interroger sur l'importance du digital, à l'image de la Corée du Sud et de l'Estonie.

Selon le sociologue allemand Hartmut Rosa[1], les structures temporelles de la « modernité tardive » peuvent être décrites sous l'angle d'une triple accélération. L'accélération technique, tout d'abord, renvoie au rythme croissant de l'innovation dans les domaines des transports, de la communication et de la production. L'accélération du changement social désigne quant à elle l'augmentation de la vitesse à laquelle les pratiques en cours dans la société se modifient. Cette deuxième catégorie englobe ainsi les mutations touchant les institutions sociales comme la famille et le travail. Enfin, l'accélération du rythme de vie touche à l'expérience existentielle des individus contemporains, qui ressentent de plus en plus vivement que le temps leur manque et qu'ils doivent « faire plus de choses en moins de temps ».

Hartmut Rosa met en évidence les « moteurs » de cette triple accélération. Le premier et principal facteur retenu est l'organisation des sociétés contemporaines autour d'une logique de compétition (ou de concurrence). Celle-ci rend les positions sociales occupées par les individus précaires et sujettes à une « négociation concurrentielle permanente », qui pousse chacun à une débauche d'énergie de plus en plus importante, ne serait-ce que pour maintenir son rang. La deuxième force motrice de l'accélération est « culturelle ». Il s'agit de l'idée selon laquelle une vie accomplie passe par la réalisation du plus grand nombre possible d'expériences et par le déploiement des capacités individuelles les plus étendues. Enfin, le troisième et dernier « moteur » renvoie à ce que Hartmut Rosa nomme le « cycle de l'accélération ». Il faut entendre par là que les trois formes d'accélération analytiquement distinguées (accélérations technique, sociale et du rythme de vie) forment un « système de feed-back ». Chacune

1 *Social Acceleration*, Columbia University Press, 2013.

d'entre elles entretient les autres, si bien qu'elles en viennent à constituer une « boucle autoalimentée ».

La quantité de tâches que les individus doivent effectuer dans une journée a souvent tant augmenté que les gains de temps liés à l'innovation technique se trouvent annulés. L'envoi d'e-mails a beau être plus rapide que celui de courriers par la Poste, comme chacun doit entretenir une correspondance bien plus importante que par le passé, l'impression d'être submergé tend même à s'accentuer. Hartmut Rosa en conclut que le rythme de vie augmente « en dépit de taux d'accélération technique impressionnants ».

Les cycles stratégiques, technologiques et sociétaux s'accélèrent et sont de moins en moins longs. La stratégie d'entreprise ne s'établit plus à dix ans, mais laisse la place à des projets de trois à trente-six mois. Les technologies se renouvellent tous les dix-huit mois, conformément aux conjectures de Moore. Les besoins et leviers de motivation de la génération Y sont aussi spontanés qu'éphémères. Toutes ces variables de transformation plongent les entreprises dans une inflation de projets de changement. Dans les années 1930, une entreprise restait en moyenne quatre-vingts ans dans l'indice Standard & Poor's contre dix-huit en 2013. Il y a les fusions et acquisitions, mais aussi le fait que de grandes entreprises se créent et disparaissent rapidement.

David Autissier et Jean-Michel Moutot[1] estiment que l'activité de l'entreprise est réalisée à 80 % en mode récurrent et à 20 % en mode projet, et que l'inflation des changements entraînera probablement une nouvelle répartition de l'ordre de 60 % en mode récurrent et de 40 % en mode projet. Force est d'ailleurs de constater que cette évolution est déjà en cours, conduisant les entreprises à engager un nombre croissant de projets de changement et à donner les moyens à leurs salariés de gérer cette nouvelle donne.

1 *Méthode de conduite du changement*, Dunod, 2016, 4e éd.

Chapitre 9

L'importance de se mettre en mouvement

Le manager, au cœur des tensions

Comme nous l'avons évoqué dans les chapitres précédents, le monde des entreprises, confronté à des ruptures technologiques et à l'émergence de nouveaux modèles de production (raccourcissement des cycles de production, incertitudes des marchés, disruptions technologiques rapides et régulières, émergence continuelle de nouveaux entrants sur les marchés et de nouvelles attentes des clients, chute des barrières à l'entrée) doit s'adapter et se transformer.

Dans le même temps, la société civile est également en profonde mutation : nouvelles aspirations des jeunes au travail pour renouer avec le sens et l'engagement, réémergence du fait religieux, difficulté d'accès au travail, au logement, répartition inégale des richesses, sentiment d'impuissance du citoyen face aux institutions, transformation de la nature du travail et de la façon de l'exercer (accélération sans précédent de la robotisation, accélération de la part du travail non salarié dans la population active notamment).

DESSINE-MOI LE TRAVAIL : RÉSULTATS DE L'ÉTUDE MENÉE PAR ASTREES

Le Groupe AG2R LA MONDIALE est partenaire d'ASTREES, «atelier social du futur», dont l'une des études s'est intéressée notamment à l'engagement des jeunes générations au travail. Cette étude, menée en 2014-2015 auprès de plus de 1000 jeunes de moins de 30 ans et portant sur une trentaine de questions, dresse un portrait de l'engagement des jeunes au travail. Il en ressort les grands éléments suivants.

- En dépit du contexte et d'un chômage massif, les moins de 30 ans restent optimistes et sont dotés d'une énergie dont ne rougiraient pas leurs aînés, loin de là. Mais ils interpellent fortement pouvoirs publics, entreprises et partenaires sociaux et ce, sur de très nombreux points.
- Compétences, efforts et réseaux relationnels : ils sont très réalistes sur ce qui permet de décrocher un job. Ils le sont aussi sur ce qui les attend en termes de contrat et constatent que ce n'est pas d'abord un CDI, loin de là ! En a-t-on pris vraiment la mesure qu'il s'agisse des parcours éducatifs, des systèmes d'orientation professionnelle, des processus d'intégration en entreprise ou encore des passerelles entre les diverses formes de contrat ?
- En tout cas, ils veulent travailler et s'y investir pleinement, à condition cependant que ce ne soit pas n'importe quoi. La fierté du travail bien fait est au moins

égale à celle de la génération qui les précède. Le travail ne doit pas être ennuyeux mais de qualité et utile aux autres, sinon ils risquent de le quitter. Quant au management et aux hiérarchies, un coup de neuf ne ferait pas de mal !

- Individualistes ? Peut-être, mais ils connaissent l'engagement et plébiscitent en la matière associations et ONG. S'ils privilégient les loisirs, les grandes causes de la société peuvent les mobiliser, sans doute beaucoup plus qu'on ne le croit. Et le numérique est, sans surprise, une des formes qu'ils affectionnent. Enfin, bien que le syndicalisme ne leur parle guère, ils n'y sont pas pour autant hostiles, à condition qu'on le leur propose et que ses formes soient rénovées.

Mais retenons surtout une chose : les moins de 30 ans veulent être entendus en milieu professionnel comme dans la société pour ce qu'ils sont.

Pour aller plus loin : http://www.astrees.org et http://dessinemoiletravail.fr

L'entreprise, partie intégrante de la société civile qui la compose, peut être en cela appréhendée comme un échantillon représentatif. Être considérée en quelque sorte comme un petit bout de société civile. L'entreprise est encapsulée dans la société. Elle en est en cela autant une composante qu'un résultat.

Dans ce contexte, les managers comme les salariés des entreprises sont eux aussi des citoyens confrontés à une forme de schizophrénie. Ils doivent accompagner les transformations des modes de production et leurs équipes dans de nouvelles modalités de travail, en même temps qu'ils doivent eux aussi réaliser cette transformation, ce changement de paradigme. Ils sont en tant qu'individus confrontés aux mutations sociales et ils doivent dans le même temps répondre aux nouvelles aspirations de la société (retrouver du sens au travail, trouver de nouveaux espaces d'engagement, d'autonomie et de responsabilisation, répondre au besoin d'augmentation du pouvoir d'achat, pacifier la vie collective confrontée aux tensions communautaires). Ils doivent enfin faire coexister des modes de production industriels assurant le business model actuel de leurs organisations, tout en accompagnant la transition culturelle nécessaire pour faire face aux attaques d'un marché agile et innovant. Ils doivent associer dans une même unité de temps des méthodes de travail des décennies passées (plans stratégiques à moyen terme, investissements lourds programmés sur le moyen terme, procédures, qualité totale des produits et services fournis, contrôle des indicateurs, management de type « commandes/contrôle », etc.) et des méthodes de travail agiles (cycles courts, coconstruits en systèmes ouverts, mêlant des partenaires protéiformes, peu coûteux, faisant évoluer les produits et services de façon incrémentale, management de type agile et entreprise libérée, etc.).

En cela, les managers des entreprises vivent une tension historique qui se répercute sur leurs postures managériales. Nous proposons d'observer ensemble cinq tensions fortes vécues au quotidien par les managers des grandes organisations dans ces moments de transformation des modèles économiques.

Du faire mieux au faire bien

Dans une grande organisation, industrielle ou de service, la complexité des interactions et des processus de décision peut être un frein à la création de valeur avec le risque de se faire prendre de vitesse par la concurrence ou être en décalage avec les attentes d'un marché qui se transforme rapidement. Il est donc nécessaire d'avoir des cycles de développement plus courts et la rapidité des actions doit prévaloir sur la perfection du résultat. Afin de stimuler l'innovation chez les collaborateurs de son équipe, le manager doit autoriser l'expérimentation à l'intérieur de son périmètre de responsabilité et calibrer les projets de telle sorte qu'ils soient réalisables à court terme et peu risqués financièrement.

De la maîtrise au lâcher-prise

Par sa nature, une entreprise fondée sur un modèle industriel a une aversion pour le risque. La maîtrise des risques est bien au cœur de son activité pour délivrer le plus rapidement possible et à moindre coût au maximum de clients. Cela passe notamment par une parfaite maîtrise de sa chaîne de valeur. Souvent, l'environnement réglementaire contraignant et protecteur des business models renforce cette nécessaire maîtrise de ses risques. Mais maîtriser ses risques ne veut pas dire ne pas prendre de risque. Dans des environnements devenus mouvants et incertains, il faut accepter le droit à l'erreur inhérent à toute expérimentation et apprentissage. Il s'agit donc de penser les projets et les actions par zones d'expérimentation plus petites et moins risquées et laisser à l'intérieur de ces zones une plus grande liberté aux collaborateurs afin de stimuler l'innovation. C'est donc là encore un changement de posture managériale qui nécessite une plus grande responsabilité du manager, mais également une posture différente. Le manager doit donc maîtriser ses process et ses risques tout en laissant émerger en parallèle des zones d'expérimentation favorisant au sein de l'organisation une culture de l'innovation. Le manager doit mettre à disposition de ses collaborateurs son réseau, ses contacts, son expertise pour protéger ces zones d'expérimentation et créer des tests/prototypes qui pourront être repris ailleurs. Le manager doit donc se montrer à la fois audacieux et rassurant, assurer son leadership tout en favorisant les processus d'émergence.

De la hiérarchie au réseau

Par le développement de ces zones d'expérimentation, on voit bien que le statut de manager (et *a fortiori* celui de « cadre ») est en train de muter. L'organisation/le statut ne suffit plus pour diriger une équipe. Le manager doit tirer sa valeur ajoutée de sa capacité à agir en transversalité, à trouver des solutions pour ses équipes, à lancer/créer des zones d'expérimentation. L'expertise métier et la position dans l'organigramme sont certes toujours importantes, mais ne suffisent plus. Il faut y adjoindre la capacité à animer et mobiliser son réseau au profit des zones d'expérimentation pour stimuler dans l'ensemble de l'organisation les démarches d'innovations.

De la planification à la sérendipité

Les grandes organisations ont pour usage la structuration de leurs plans d'action dans des projets d'entreprise pensés à moyen terme. Permettant de donner le cap et de mobiliser les collaborateurs autour d'une même vision, ils doivent valoriser en même temps la sérendipité. Tel Christophe Colomb débarquant en Amérique, alors qu'il cherchait les Indes, ou Alexander Fleming découvrant par hasard les vertus de la pénicilline, le manager doit faire preuve de sérendipité, autrement dit agir sans *a priori*, avec pragmatisme, quitte à dévier de la trajectoire fixée au départ. La sérendipité doit être valorisée au sein des organisations. Source de créativité, elle suppose du manager d'être toujours en éveil, à l'écoute et adaptable, de privilégier l'expérimentation plutôt que le dogmatisme.

De la solution à la contribution

À l'aune du numérique, l'expert détenteur de la vérité et détenteur de la bonne parole est une idée qui n'a plus court. Place à l'intelligence collective et à la coconstruction. Même s'il reste expert dans son domaine, le manager doit accepter d'apprendre des autres et de partager avec eux ses connaissances pour faire émerger la solution par la contribution de toute son équipe. Il doit se concentrer non pas sur la solution, mais sur les moyens pour la trouver en jouant un rôle de facilitateur et d'aiguilleur auprès de ses collaborateurs. En un mot, pratiquer la curation: diffuser la bonne information aux bonnes personnes au bon moment. Là encore, c'est un changement de posture.

Entre culture classique et culture digitale

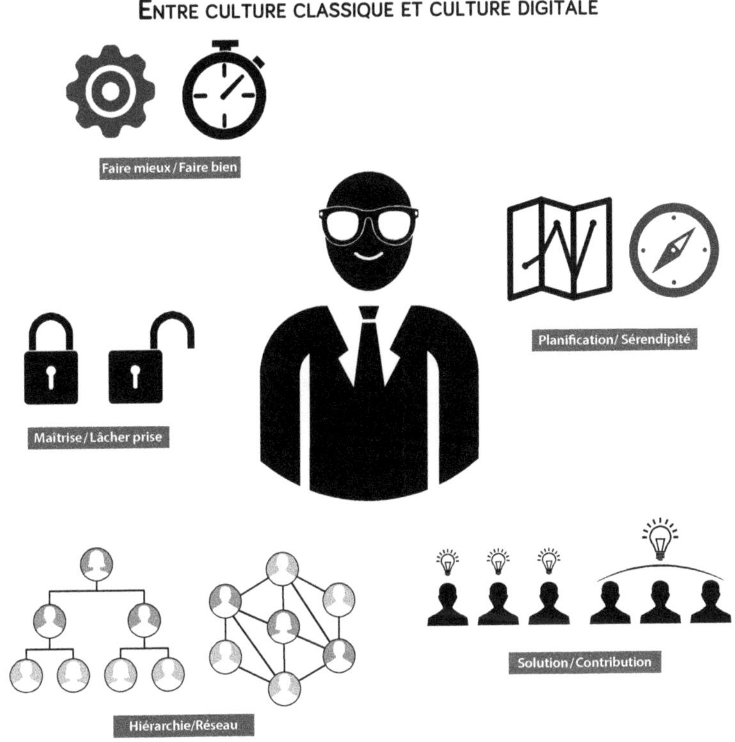

Face à ces cinq tensions, le manager doit développer de nouvelles postures, non pas pour passer d'une méthode à une autre, d'un modèle à un autre, d'un ancien monde industriel à un nouveau monde digital, mais bien pour acquérir la capacité à adapter ses postures et son management à ces deux réalités parfois contradictoires en fonction des situations rencontrées. Accompagner la transition digitale, c'est accélérer l'émergence de l'entreprise digitale pour permettre tout autant aux collaborateurs des grandes entreprises de redonner du sens à leur action et à l'entreprise de s'adapter à son marché en trouvant de nouveaux espaces de production innovants et générateurs de profitabilité.

Partie 2

L'expérimentation digitale du Groupe AG2R LA MONDIALE

Chapitre 10

Présentation

Dès 2014, le Groupe AG2R LA MONDIALE a pris très au sérieux la question de la transformation digitale de l'économie et de la société et a imaginé la construction d'un plan d'actions concret pour relever le défi du digital.

En son sein, forte de ce travail d'appropriation de ces nouveaux défis, la direction des ressources humaines décide de travailler sur le volet culturel de cette transformation et d'accompagner les 11000 collaborateurs du Groupe dans la transformation de leurs pratiques et leviers de coopération. Pour la direction des ressources humaines, être digital pour les clients, c'est aussi être digital avec et entre les collaborateurs du Groupe.

Aussi, en 2015, la direction des ressources humaines propose à ses collaborateurs un ensemble de chantiers de transformations regroupés sous le programme «Connectons nos talents».

Le programme « Connectons nos talents »

Les enjeux du programme

L'enjeu du programme est de sensibiliser l'ensemble des collaborateurs du Groupe à l'environnement digital, pour :

- partager une vision commune de ce que recouvre le mot « digital » dans l'environnement ou les pratiques professionnelles et personnelles ;
- faire évoluer la culture et les pratiques vers plus d'expérimentation, d'ouverture et d'initiative sur le sujet.

Au cœur du dispositif, un postulat fort : c'est en faisant digital que l'on devient digital.

Les étapes du programme

- Juillet-décembre 2015 :
  - réaliser 11 ateliers regroupant environ 45 collaborateurs représentatifs de toutes les directions du Groupe pour coconstruire un programme à déployer sur deux ans ;
  - comprendre et explorer l'environnement digital du Groupe AG2R LA MONDIALE ;
  - coconstruire une démarche pour les collaborateurs leur permettant d'intégrer le digital dans leur quotidien professionnel.
- 2016-2017 : s'appuyer sur un réseau de « compagnons du numérique » pour proposer aux 11 000 collaborateurs, en local et de façon virale, de vivre et d'expérimenter des actions digitales de natures diverses (web séries, campus digital, passeport numérique, événements locaux, formations de pair à pair, ateliers d'échanges de pratiques, etc.).

Les Rencontres du management « Management et digital »

S'appuyer sur un dispositif robuste pour sensibiliser le management à l'évolution de ses postures

Parmi les différentes actions d'accompagnement à la transition digitale, les équipes RH décident de s'appuyer sur les actions menées régulièrement depuis 2010 dans le cadre de la politique de développement managérial du Groupe[1].

En effet, le Groupe compte environ 1200 managers dont 20 % de managers de direction, 60 % de managers opérationnels et 20 % de managers de proximité.

Chacune de ces populations managériales est animée de façon spécifique, grâce au dispositif des Rencontres du management – chaque année pour les managers de direction et une année sur deux pour les managers opérationnels et de proximité.

Ces rencontres visent autant à développer et renforcer régulièrement le collectif des managers afin que ces derniers bénéficient des postures et pratiques adéquates pour faire face aux grands défis du Groupe, qu'à travailler sur la culture managériale au sein d'un groupe qui se rapproche couramment d'autres structures pour consolider et renforcer sa position de marché.

S'appuyer sur les Rencontres du management était l'opportunité de se fonder sur un dispositif robuste et reconnu pour toucher 80 % des managers du Groupe dans un temps court, en parallèle des autres actions menées par ailleurs dans le programme « Connectons nos talents » et initier ainsi les mutations culturelles nécessaires à la transformation digitale du Groupe.

1 Voir David Autissier, Alexandra Lange, Sébastien Houlière, *Penser management*, Eyrolles, 2013.

Faire vivre une expérience digitale aux managers : coconstruire une application *smartphone*

La direction formation souhaite s'appuyer sur le dispositif des Rencontres du management pour accompagner les managers du Groupe quant à l'impact du digital sur l'évolution de leur posture managériale, mais elle souhaite également faire évoluer le format de ces rencontres à l'aune de ces nouveaux enjeux.

Évolution donc de la thématique traitée comme à chaque Rencontre du management, mais également évolution du format des rencontres et de leur mécanique afin de les rendre holomorphiques des modes de collaborations et postures adéquates à l'aune du digital.

En effet, AG2R LA MONDIALE, comme toutes les entreprises, sait qu'elle doit « y aller », selon l'expression consacrée. Mais comment ? Le digital ne peut pas être abordé comme le déploiement d'une application informatique standard pour plusieurs raisons.

La première tient au fait que le digital n'informatise pas uniquement des processus existants, mais en invente de nouveaux. Ce sont d'ailleurs ces derniers qui créent de nouveaux usages constitutifs d'avantages concurrentiels.

La seconde raison réside dans le fait que le digital se matérialise souvent par des applications (dites « App »), qui sont bien souvent produites en interne (et/ou en écosystèmes ouverts avec des start-up notamment) avec des méthodes agiles, en logique *test and learn*, qui ne sont pas les méthodes de déploiement informatique classiques.

Aussi, sous l'impulsion de personnes motrices et en saisissant l'opportunité du séminaire bi-annuel des managers institutionnalisé depuis six ans, il a été décidé de consacrer les rencontres 2015-2016 à l'acculturation des managers au digital.

L'objectif n'était pas simplement formatif, mais il s'agissait de faire vivre une expérience aux personnes concernées de manière qu'elles expérimentent un processus de création d'applications digitales pour disposer de ces mêmes applications pour l'usage interne, apprendre à créer ces applications et à fonctionner avec ces dernières.

La campagne de séminaires a été conçue comme le point de lancement d'une opération digitale visant à créer en interne une application *smartphone* et à adopter les réflexes/méthodes de travail nécessaires à la fabrication et à l'utilisation des applications.

La population des managers constitue une cible de choix pour ce type d'expérimentation. Ils représentent tous les métiers de l'entreprise pour une diffusion virale, et leur hétérogénéité est représentative de la compétence et de l'appétence à l'égard de la technologie digitale.

Le choix du Groupe AG2R LA MONDIALE n'a donc pas consisté à choisir un produit du marché et à le déployer en mode projet, comme cela se fait notamment pour des produits informatiques de type ERP (*enterprise ressources planning* ou, en français, PGI [progiciel de gestion intégré]). L'entreprise a volontairement fait le choix de l'expérimentation pour apprendre et développer la capacité digitale des personnes et de l'organisation dans son ensemble.

Les Rencontres du management 2015-2016 – 1re zone d'expérimentation du Groupe

Les Rencontres du management 2015-2016 se sont donc constituées en zone d'expérimentation :

- deux objectifs :
  - transformer le format des Rencontres du management afin de permettre aux managers d'expérimenter de nouvelles postures à l'aune de la transformation digitale et de développer les postures managériales adéquates et accompagner cette transformation auprès de leurs équipes,
  - réaliser une première zone d'expérimentation donnant naissance à la première App réalisée par et pour les collaborateurs du Groupe qui ouvre la voie à d'autres projets d'innovation par l'expérimentation ;
- un porteur du projet *product owner*, externe dans la phase *build* du projet, puis interne pour la phase d'industrialisation *run*. L'idée étant d'avoir un porteur du projet légitime tant sur les usages que sur la technique de développement de l'App ;

- une équipe fonctionnant en écosystème ouvert rassemblant l'ensemble des compétences nécessaires et travaillant de façon fluide et intégrée sans problématiques d'interfaces :
  - des compétences externes - experts de la mobilisation et du développement managérial en grands groupes, designers, UX, plateforme collaborative, etc.,
  - des compétences internes - IT, RH, juridiques, *community manager* ;
- un budget volontairement modeste représentant environ 10 % de plus que le coût traditionnel des rencontres du COMOP afin de démontrer par l'expérience concrète que mettre en place une démarche d'innovation n'était pas synonyme de budgets exponentiels ;
- une logique fondatrice de coconstruction afin de coller aux usages des utilisateurs et de remettre ceux-ci au cœur des processus d'innovation : 12 séminaires de deux jours réunissant 700 managers opérationnels et 60 managers de direction qui auront contribué à la réalisation du prototype ;
- des leviers d'apprentissage nécessaires et identifiés dès le début du projet afin de pouvoir mesurer en fin de dispositif la réussite du projet :
  - *community management* sur une période longue (neuf mois d'animation d'une communauté de 760 contributeurs),
  - coconstruire intégralement un dispositif avec 700 futurs utilisateurs,
  - créer une App en interne pour développer les compétences suivantes :
    - informatique - langages de développement, processus d'enrôlement sécurisé, conception et recette *multidevice* multi-environnement (Apple/Android), publication sur les *stores*, livraisons régulières de nouvelles versions de l'App,
    - projet - techniques de développement agile basées sur les maquettes d'écrans et non sur des cahiers des charges écrits de fonctionnalités,

- projet - réaliser un déploiement viral et régional dans un temps court,
- communication externe/marque - charte d'ergonomie d'une App Groupe,
- RH - réaliser des séminaires expérientiels avec un double objectif de vivre une expérience permettant à chacun d'apprendre tout en ayant un livrable existant et utile dans la vie quotidienne des collaborateurs du Groupe,
- risques/juridique - mettre en place pour la première fois le BYOD (*bring your own device*) en permettant à chaque collaborateur du Groupe de télécharger une App leur étant destinée;

— un livrable imparfait (App) livré aux collaborateurs du Groupe à faire évoluer régulièrement en fonction des usages constatés dans les mois suivant le lancement.

C'est l'histoire et le contenu de cette zone d'expérimentation que nous vous présentons dans cette partie.

Chapitre 11

Une enquête en amont pour prendre la température

Avec l'objectif de construire une représentation partagée des attentes et de la connaissance du digital par les managers, il a été décidé de partir des représentations des managers. Aussi, le Groupe AG2R LA MONDIALE a-t-il lancé une enquête sur les 700 managers opérationnels avant le début de la démarche afin que les résultats de cette dernière servent de ressource et de point 0 pour les séminaires de mobilisation. Le détail du questionnaire est contenu dans la dernière partie de l'ouvrage qui propose des outils mobilisés dans le cadre de cette expérimentation.

Ce questionnaire est complètement anonyme et construit en quatre parties :

- le digital et ses impacts sur les compétences managériales ;
- perception et compréhension des managers des outils digitaux ;
- intérêt et compréhension pour le mode « expérimentation » ;
- renseignements signalétiques.

Ce questionnaire a eu un fort taux de réponse avec un retour de 82 %, donnant ainsi une estimation quant à l'intérêt des managers pour le sujet. Telle une photographie, à un instant donné, le questionnaire a permis de partager assez largement avec les différentes parties prenantes de l'entreprise sur un état des lieux factuel et concret de la culture digitale du corpus managérial, et de fonder la démarche projet sur cet état des lieux (objectifs/séquences du séminaire, éléments d'apports, bénéfices des expérimentations, etc.).

Il ressort de cette enquête sur le vécu digital des managers 8 grandes lignes de forces :

- 80 % des managers se disent *suiveurs* sur le thème du digital. Ils affirment subir le digital en tant que technologie, sans complètement la maîtriser et la mobiliser pour leur métier comme une source d'innovation. Ils déclarent être en attente de ce que le groupe leur proposera. Pour eux, le digital est une affaire de groupe et non d'initiatives individuelles ;
- 77 % des managers affirment que *le digital va changer leur métier*. Les managers mentionnent le rôle croissant du digital dans la société et affirment que d'une façon ou d'une autre, cela aura des conséquences sur leur métier et l'entreprise ;
- 90 % d'entre eux pensent que le digital est un *développeur de coopération*. Par référence aux réseaux sociaux, les managers voient le digital comme un outil de communication avant d'être un outil de production et de vente ;
- 70 % des managers affirment avoir une *compétence très faible* en matière digitale, tant au niveau de la conception des applications que de leur utilisation. Le digital est perçu comme une galaxie lointaine dont le langage est compris des seuls « digital natifs » ;
- 23 % des managers ont *déjà expérimenté le digital*. Moins d'un quart des 700 managers ont mené au moins une expérimentation quant à l'utilisation du digital dans le cadre de leurs activités professionnelles. Ce chiffre peut être rapproché des 80 % de suiveurs précédents. Nous aurions un 20/80 entre les suiveurs et les « *early adopters* » ;
- 86 % d'entre eux perçoivent le digital comme une *application d'e-commerce* en direction du client. Les managers voient le

digital comme une forme de réseau social et un site de e-commerce, peut-être par analogie avec l'utilisation qu'ils font du digital dans leur sphère privée ;

- 91 % des managers voient le digital comme un *changement de rupture*. Le digital est perçu comme une contrainte forte (et non comme une opportunité) qu'il faudra intégrer. Le digital est défini comme un changement subi ;
- 66 % d'entre eux affirment que leurs responsables *n'insufflent pas assez le changement digital*. La hiérarchie est montrée du doigt et considérée comme peu motrice et porteuse de dynamique sur le thème du digital.

Chapitre 12

Hackathons et séminaires de mobilisation

La première étape du processus d'acculturation digitale par la création d'une application (App) a été l'organisation de séminaires pour les managers entre novembre 2015 et février 2016. Ces séminaires ont produit des propositions de fonctionnalités pour une application visant à permettre la mise en relation des personnes dans l'entreprise.

Le schéma suivant décompose en cinq phases la création d'une App avec le recueil des besoins lors des rencontres du COMOP (comité des managers opérationnels).

LES PHASES DE LA CRÉATION D'UNE APP

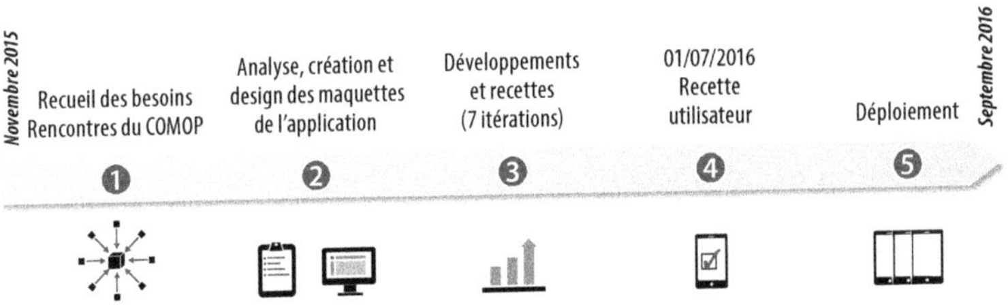

Depuis 2011, la direction de la formation d'AG2R LA MONDIALE organise des séminaires regroupant l'ensemble des managers opérationnels du groupe. Pour ces rencontres 2015-2016, les séminaires ont eu pour thème le digital.

L'objectif principal du séminaire était d'expérimenter pour partager une culture commune autour du digital, comprendre comment ce dernier impacte les postures managériales et influence les processus d'accompagnement des collaborateurs.

Les séminaires nommés les Rencontres du digital sont composés de 12 sessions regroupant environ 55 participants pour un total d'environ 660 participants. Une session dédiée aux managers de direction a également été proposée et suivie par 65 participants.

Le triptyque expérimentation, innovation, collaboration

Ces séminaires ont mis en évidence trois postures renforcées à l'ère du numérique : l'expérimentation, l'innovation et la collaboration.

Le digital ne se résume pas à un simple changement de technologie et de fonctionnalités informatiques. Le digital nécessite de faire évoluer la posture du management.

Par posture nous entendons la manière de se positionner et de concevoir son rôle. Le manager passe ainsi du triptyque « contrôle, hiérarchie, planification » au triptyque « expérimentation, innovation, collaboration ».

Cette révolution de la fonction managériale n'est pas aisée du fait d'un ancrage fort du modèle structuro-fonctionnaliste. Le digital, de par ces fonctionnalités de communication, sa modification profonde du rapport au temps et à l'espace, mais aussi par sa maîtrise au travers d'une génération plus jeune (les digital natifs), bouleverse le modèle de pouvoir en place.

La posture d'*expérimentation* nécessite de faire preuve d'agilité pour s'adapter aux contraintes, mais également aux changements pouvant intervenir. Cette posture implique la capacité de laisser le droit à l'erreur et de pouvoir tester des nouveaux outils digitaux, mais également de nouveaux modes de travail. L'expérience est préférée à la planification et la conceptualisation.

L'*innovation* est une posture renforcée par le développement digital. La nécessité de se renouveler en permanence, de développer dans des cycles plus courts en réponse à un marché plus concurrentiel, ouvert et agressif, mais également la prise en compte des besoins des clients et des collaborateurs incitent les organisations à développer des postures d'innovation. Le digital bouleverse les processus et incite le développement de nouvelles méthodes de travail plus agiles et *bottom up*.

La *collaboration* est favorisée par le digital car ce dernier facilite le travail en réseau. Le mode collaboratif est accéléré par le digital, mais il est également une condition au développement du digital. Les applications digitales nécessitent de mettre différentes parties prenantes en mode agile. Les parties prenantes sont associées dans des modes d'échange avec une unité de lieu et de temps (tous rassemblés physiquement et/ou virtuellement). La collaboration se fait en milieu ouvert (*open innovation*) intégrant des partenaires de tailles et de vocations différentes (start-up, partenaires traditionnels, salariés, associations, individus, etc.).

C'est pour faire expérimenter les managers autour de ces trois postures que les Rencontres du management ont eu pour ambition de proposer la cocréation, avec l'ensemble des managers opérationnels, d'une application mobile destinée à la mise en relation des collaborateurs du groupe entre eux.

La mise en place du hackathon

Les différents ateliers avaient pour vocation de mieux comprendre les besoins des futurs utilisateurs, mais également de les intégrer dans le processus de création de l'objet.

Afin d'accompagner les managers dans le processus de création d'une application mobile, les séminaires ont été divisés en quatre parties, représentées par des ateliers :

- Atelier 1 : en s'appuyant sur des *persona*, proposer un état des lieux des façons actuelles de rencontrer des collaborateurs.
- Atelier 2 : cartographier les difficultés à créer du lien.
- Atelier 3 : identifier les fonctionnalités d'une application mobile pour créer du lien.
- Atelier 4 : scénariser les cas d'utilisation des fonctionnalités.

Ces quatre ateliers reprennent les processus classiques d'innovation utilisés dans le monde des start-up ou du codesign, souvent identifiés sous le terme « hackathon ».

Ils sont ponctués d'interventions sur le rôle du manager face à l'innovation et au digital pour développer des pistes de réflexion sur ces thématiques. Les différents ateliers ont été conçus afin de faire expérimenter les postures d'agilité propres au digital. Le détail des ateliers est précisé de la page 77 à la page 83.

HACKATHON

Le terme *hackathon* vient d'une contraction de deux termes :

- *Hack* fait référence à l'anglais *Hacker* signifiant bidouiller, modifier, ou encore bricoler. Ce terme se développe en corrélation avec l'essor du monde informatique en général et du codage en particulier ;
- *Marathon* fait quant à lui référence à une course de fond, longue et ardue.

Ce terme est à l'origine fréquemment utilisé dans les milieux informatiques pour évoquer des opérations «coup de poing» ou opérations «commando» visant à tester une idée et à produire un prototype d'application dans un temps court (souvent en quelques heures), sous forme de concours chronométré. Dans les environnements informatiques, ce type d'événement est souvent organisé, sous forme de concours, à l'initiative de porteurs de projets (fonctionnels) qui sollicitent des collectifs de développeurs pour trouver une solution informatique à une problématique donnée dans un temps donné. À l'issue du temps imparti, le jury composé des porteurs de projets récompense l'équipe gagnante.

Les quatre rôles des participants

Afin de faciliter leur mise en œuvre, les participants ont été amenés à incarner différents rôles au cours du séminaire: producteur, facilitateur, explorateur et apprenant. Ces rôles ne sont pas expérimentés de façon séquentielle (1, puis 2, puis 3, puis 4) mais en parallèle, afin d'expérimenter les postures de lâcher prise des participants sur l'intégralité du processus, mais aussi dans le but de reproduire des processus de livraison en temps courts et agiles.

Les espaces de travail sont neutres. Les participants y sont totalement libres de leur organisation, sans qu'un responsable n'ait été désigné au préalable, ni qu'aient été attribués de rôles particuliers.

Chaque espace de travail bénéficie de deux postes informatiques configurés comme les postes de travail classiques des collaborateurs du Groupe afin de montrer aux managers que, de retour à leur poste de travail, ils pourront travailler dans les mêmes configurations, mais aussi en multisite (représenté en séminaire par des salles différentes) et avec des outils web gratuits proposés par le marché du *soft open source.*

Les *producteurs* correspondent à des rôles traditionnels des ateliers. Ils sont constitués en moyenne de quatre groupes de huit participants pour chaque étape. Les participants ont pour objectifs de produire un contenu sur la thématique de l'atelier de manière autonome, sans animateurs. Ils interviennent dans l'ensemble des ateliers et sont répartis dans différents groupes.

Les *facilitateurs* ont un rôle de conception et d'organisation des séquences à venir dans le processus. Sans connaître le contenu des productions, ils doivent proposer l'animation des ateliers à venir. Ils sont alimentés en temps réel des productions des groupes de « producteurs » par l'aide des ordinateurs et outils numériques gratuits proposés sur le marché de l'*open source*. Ils sont aidés par un animateur et représentent un groupe de cinq participants pour chaque atelier.

Les *explorateurs* sont présents lors du premier atelier, avec un groupe de huit participants, pour recueillir des bonnes pratiques et des idées de fonctionnalités issues d'applications mobiles existantes. Munis d'iPad équipés d'une trentaine d'applications du marché sélectionnées par l'équipe projet pour leur ergonomie inspirante (ou UX pour User eXperience), leurs fonctionnalités pertinentes de mise en contact ou encore pour leur côté décalé. Ils ne partent donc pas d'une question de travail avec un objectif clair et défini. Ils doivent alimenter, au fil du processus, les producteurs d'idées disruptives découvertes par sérendipité. Ils découvrent et s'approprient ainsi le monde des applications. Ils sont aidés par un animateur qui les guide dans leur exploration.

Enfin, le rôle d'*apprenant* permet aux participants de prendre du recul sur leurs postures et leurs difficultés face à l'expérimentation. Ils sont sortis des groupes de producteurs, facilitateurs ou explorateurs de manière aléatoire à la fin de chaque atelier dans un objectif réflexif et d'ancrage des apprentissages.

Une équipe de quatre animateurs externes spécialisée dans les séminaires de mobilisation managériale les amène à prendre conscience des changements de posture ou des évolutions amenés par le digital et l'expérimentation. Ils sont présents lors des trois derniers ateliers et sont composés en moyenne de huit participants.

Enfin, une ressource SI interne au Groupe AG2R LA MONDIALE participe à chacun des séminaires afin d'apporter son regard et son expertise technique aux participants.

Chaque participant occupe au minimum deux rôles différents durant le processus en quatre étapes afin d'optimiser l'expérimentation et les apprentissages. Cette structuration en termes de rôles est inspirée de méthodologies de groupes d'échange de pratiques telles que le codéveloppement décrit comme outil dans la dernière partie.

Les grandes séquences des Rencontres
Jour 1

Déjeuner à l'hôtel à partir de 12h30	
14h00-14h20	Introduction par la DRH
14h20-14h35	Le numérique au sein du Groupe AG2R LA MONDIALE par le *chief digital officer*
14h35-14h50	Les objectifs de l'expérimentation
14h50-15h20	Échanges entre les participants autour de questions liées au numérique
15h20-18h10	Expérimentation Ateliers collaboratifs (ateliers 1 et 2) Pause à 16h50
18h10-18h50	Les bouleversements apportés par le digital Conférence animée par un expert
18h50-19h10	Le regard du grand témoin (Directeur présent tout au long du séminaire pour apporter son regard miroir sur les postures adoptées par les participants)

Les grandes séquences des Rencontres
Jour 2

8h30-12h00	Expérimentation Ateliers collaboratifs (ateliers 3 et 4) Pause à 10h10
12h00-12h40	Les impacts du numérique sur les rôles et postures managériales Conférence animée par un expert
Déjeuner	
14h00-14h40	Présentation des travaux réalisés par les participants aux membres du Comité Exécutif venu clore les séminaires
14h40-15h00	Les prochaines étapes de la construction de l'application mobile
15h30-16h45	Questions/réponses avec les membres du Comité Exécutif
16h45-17h00	Le regard du grand témoin

Atelier 1 : état des lieux de l'existant

Ce premier atelier porte sur l'état des lieux de l'existant autour de la question de travail suivante : quelles sont les difficultés rencontrées pour entrer en contact aujourd'hui au sein du Groupe ? Les groupes de producteurs disposent d'une heure pour faire émerger les usages actuels.

Chacun des cinq groupes de producteurs dispose d'une situation concrète basée sur la technique des *persona* lui permettant de raconter une histoire (voir l'encadré ci-après). Chaque groupe doit faire l'effort de ne pas proposer des solutions ou des réflexions issues des difficultés rencontrées dans la façon d'entrer en contact, mais bien de raconter de manière concrète l'histoire d'une personne ayant besoin d'entrer en contact au sein du groupe. Les participants peuvent choisir de réaliser l'ensemble des tâches ensemble ou de se diviser en sous-groupes. Ils peuvent également se concentrer sur la découverte des outils ou sur la réflexion autour du contenu.

LES *PERSONA*

Avant de démarrer toute action digitale, vous devez impérativement savoir comment définir vos *persona*, car ils représentent précisément la cible que vous souhaitez atteindre et pour qui vous créerez vos contenus.

Les *persona* sont une représentation fictive de vos utilisateurs «idéaux» basée sur de vraies données et quelques hypothèses. Ils doivent vous aider à mieux comprendre le comportement de vos utilisateurs sur les canaux digitaux, et ainsi à orienter votre production de contenus en fonction de leurs besoins spécifiques, leurs préoccupations et leurs comportements.

Mais attention, un *persona* n'est pas:

- un marché ciblé,
- une fonction dans l'entreprise,
- un client réel.

On définira plutôt un *persona* par les caractéristiques suivantes:

- des tendances de comportements généralisés;
- des problématiques similaires (on parlera de points de douleur);
- des objectifs communs;
- des données démographiques et biographiques générales.

Grâce à ce travail de définition de vos *persona*, vous parviendrez notamment à maximiser l'utilisation et la fréquentation de vos sites web et applications.

La restitution de cet atelier est réalisée dans un format numérique qui doit être compréhensible sans explications annexes. Afin d'aider les groupes à choisir un format numérique, différents formats de restitution sont à disposition de chacun. Certains outils proposent des formats de restitution classiques (Prezi – https://prezi.com, Haiku Deck - https://www.haikudeck.com) tandis que d'autres sont plus décalés et créatifs (BD Studio Pratic – https://bd-studio-pratic.portalux.com, Piktochart - https://piktochart.com, Movie Maker - http://windows-movie-maker.fr.softonic.com).

Dans ce cadre de restitutions laissées libres, on observe une majorité de formats Prezi (51 %) et BD Studio Pratic (35 %). En revanche, aucun groupe n'a jamais utilisé Haiku Deck. Tous ces outils ont été utilisés dans leur format gratuit afin de montrer aux managers qu'il existe de nombreuses ressources accessibles sans la nécessité de disposer d'un budget *ad hoc*.

En parallèle, le groupe d'explorateurs recueille les bonnes pratiques d'applications mobiles existantes, tandis que le groupe de facilitateurs a pour rôle de construire l'atelier suivant sans connaître le contenu ou le format des restitutions choisies par les groupes de producteurs.

ATELIER 1 : EXPLORER LES USAGES ACTUELS

Producteurs
5 groupes d'une dizaine de personnes

Faire émerger les usages actuels dans des situations de mise en relation.
Raconter une histoire pour expliquer comment on entre en contact aujourd'hui avec des collègues du Groupe. Chaque groupe réfléchit sur une situation :

- Je travaille au sein des fonctions support sur le site de Mons. J'ai entendu parler de la DSN, et je ne connais rien au sujet, mais j'ai envie d'en savoir plus. Aujourd'hui, comment je fais ?
- Je travaille actuellement au centre de gestion de Chartres, j'ai envie d'évoluer vers le commercial à Èvres. Aujourd'hui, comment je fais ?
- J'ai participé à un 10 km organisé par le Groupe, je souhaite m'entraîner avec des collègues en préparation de la prochaine course. Aujourd'hui, comment je fais ?
- J'ai envie de profiter de mes déplacements pour rencontrer des personnes du Groupe. Aujourd'hui, comment je fais ?
- Je viens de rejoindre le site de Marseille, j'ai besoin de créer rapidement mon réseau pour avancer sur mes sujets. Aujourd'hui, comment je fais ?
- Je suis en formation loin de mon site pendant une semaine. Je souhaite entrer en contact avec des collègues que je n'aurais pas l'occasion de rencontrer normalement. Aujourd'hui, comment je fais ?

La restitution est effectuée sur livrable numérique au choix du groupe (vidéo, podcast, roman, photo, newsletter, infographie/poster, cartoon…). Un tiers des participants du groupe est dédié à la familiarisation de l'outil numérique choisi au début de la séquence par l'ensemble du groupe pour la restitution.
À l'issue du temps écoulé, les participants mettent en ligne leur production sur la plateforme collaborative choisie pour les séminaires, Azendoo (https://www.azendoo.com/fr).
La facilitation des 5 groupes de producteurs est réalisée par un animateur externe également, à partir de la plateforme Azendoo, en mode digital et distanciel.

Facilitateurs
1 groupe de 6 pers.

Déterminer comment consolider les productions en familles de difficultés et envies.
Concevoir la séquence de partage des productions des 5 groupes de producteurs en familles et les modalités pour en extraire des familles de difficultés et d'envies rencontrées par les collaborateurs du Groupe lorsqu'ils souhaitent actuellement entrer en contact avec des collègues.
Séquence/groupe assisté par l'équipe d'animateurs externe.

Explorateurs
1 groupe de 15 pers.

Rechercher des inspirations de fonctionnalités mobiles.
Découvrir et parcourir des applications actuelles, innovantes et ludiques qui permettent la mise en relation (Blablacar, Tinder, LinkedIn, IDTGV…). Les participants disposent de tablettes sur lesquelles les applications sont déjà installées, et peuvent librement en rechercher d'autres.
Séquence enrichie des perspectives par les Ressources SI

Atelier 2 : cartographie des difficultés

Cette étape a pour objectif de recenser les difficultés identifiées lors du premier atelier. C'est le groupe de facilitateurs qui fait le choix des modalités d'animation de cette séquence et la prend en charge.

De manière générale, les facilitateurs proposent aux producteurs d'analyser les productions de deux groupes pour faire remonter les difficultés en utilisant la plateforme collaborative Azendoo. Un groupe est constitué pour recueillir l'ensemble des difficultés, les trier et les regrouper de manière synthétique en vue de l'atelier suivant.

Il est important de souligner que, lors de cette étape, les facilitateurs animent les groupes de manière classique en définissant un cadre précis et en prenant la posture de leader du groupe.

Atelier 2 : Cartographier les familles de difficultés

Producteurs 5 groupes d'une douzaine de personnes	Faire émerger les usages actuels dans des situations de mise en relation. En suivant les modalités choisies par le groupe des facilitateurs : • Les différents groupes découvrent les productions des autres groupes *via* Azendoo. • Ces productions permettent d'identifier des familles de difficultés et d'envies que vivent les collaborateurs du Groupe lorsqu'ils souhaitent entrer en contact avec des collègues. • En fonction de la synthèse réalisée, des combinaisons de difficultés/envies sont affectées à chaque groupe pour l'atelier 3.
Facilitateurs 1 groupe de 6 pers.	Animer la consolidation. Selon les modalités déterminées ensemble, les facilitateurs réalisent la séquence.

Explorateurs

Les participants se sont répartis dans les 5 groupes de producteurs.
Ayant exploré à l'atelier 1 les différentes applications et fonctionnalités du marché, ils s'approprient à cette étape les questions traitées par les producteurs avant de les challenger dans l'étape 3.

Atelier 3 : idées de fonctionnalités

Suite à la présentation des difficultés principales recueillies lors de l'atelier précédent, et synthétisées par les groupes de facilitateurs, chaque groupe de producteurs doit proposer des fonctionnalités concrètes pouvant pallier la difficulté qui lui est assignée. Les consignes sont distribuées aux différents groupes par le biais de la plateforme Azendoo reproduisant le mode distant/multisite. Les participants découvrent un nouvel outil, Google Drawings (https://chrome.google.com/webstore/detail/google-drawings/mkaakpdehdafacodkgkpghoibnmamcme?hl=fr), qui permet d'écrire et d'organiser des idées de manière collaborative. Lorsqu'un groupe écrit une idée, celle-ci peut être modifiée ou déplacée par un autre groupe. Le livrable proposé à l'issue de cet atelier n'est pas propre à chaque groupe mais collectif, ce qui modifie la perception de l'investissement de chacun. L'unité de temps est respectée. Les groupes travaillent en temps réel, optimisant le process de production.

Lors de cet atelier, le groupe des facilitateurs a pour mission de regrouper et trier l'ensemble des idées de fonctionnalités proposées par les producteurs afin de choisir celles à développer lors de l'atelier suivant. En introduction de cet atelier, les explorateurs ayant découvert des fonctionnalités originales d'applications existantes dans le premier atelier présentent leurs bonnes pratiques afin d'inspirer et d'aider le groupe à proposer des fonctionnalités originales.

Atelier 3 : Identifier des fonctionnalités

Producteurs 5 groupes d'une douzaine de personnes	Brainstormer sur les fonctionnalités adressant les difficultés/envies. Chaque groupe identifie les fonctionnalités (même farfelues grâce notamment aux suggestions des participants issues du groupe des explorateurs) permettant d'apporter une réponse aux difficultés assignées au groupe. Deux animateurs par groupe sont tirés au sort pour s'assurer de la réalisation du livrable dans les délais avec la participation de tous. Deux personnes par groupe sont dédiées à la restitution au fil de l'eau des échanges sur Azendoo à destination de tous et particulièrement du groupe des facilitateurs.
Facilitateurs 1 groupe de 6 pers.	Regrouper et formaliser les fonctionnalités. Les facilitateurs sont chargés de faire la synthèse de l'ensemble des groupes de production. Les ressources SI sont chargées de traduire les propositions en fonctionnalités qualifiées. Les facilitateurs déterminent les modalités de restitution de la synthèse, permettant un vote des fonctionnalités à développer lors de l'étape 3. *Séquence assistée par l'équipe d'animateurs externes et enrichie de l'expertise des ressources SI.*

Atelier 4 : scénariser les cas d'utilisation des fonctionnalités

Les fonctionnalités recueillies lors de l'étape précédente sont assignées à un groupe de producteurs qui a pour objectif de scénariser un cas d'utilisation. Il s'agit de transformer une idée de fonctionnalité en cas concret d'utilisation. À l'aide d'une description d'un persona, les producteurs doivent raconter l'histoire de l'utilisation de l'application sur un tableau blanc. Ils ont également à leur disposition des pictogrammes et des gabarits d'écran de *smartphone*.

Cette histoire doit partir du besoin identifié et aller jusqu'au résultat, en passant par l'utilisation concrète de l'application associant des émotions générées pour l'utilisateur à des enchaînements d'écrans. La méthode utilisée et le livrable associé, *mock-up* (voir encadré), permettent tant de se projeter dans le vécu d'un utilisateur aux caractéristiques prédéfinies (persona) que de concevoir l'ensemble des fonctionnalités pour maximiser sa satisfaction.

LES *MOCK-UP*

Le *mock-up* n'est pas une maquette, il ne sert en aucun cas à «habiller» une application, mais bien à définir les zones de contenu (zones de texte, images, etc.), l'emplacement des différents éléments (boutons, *progress bar*, icônes, etc.). Dans le web, on appelle cela le *zoning* ou encore le *wireframing* (structure fil de fer).

Si votre étape d'arborescence a été bien réalisée, vous constaterez qu'il sera plus simple de prendre chaque groupe de contenu, défini au préalable, pour le poser sur la page et ainsi lui définir un emplacement spécifique en respectant leur importance hiérarchique. Le *mock-up* est donc la première ébauche d'une mise en pages et, même si aucun style n'est vraiment défini, chaque élément posé sur la page doit être identifié pour ce qu'il est. On doit donc être en mesure de distinguer les zones de texte, les zones d'image, les vidéos, les différents types de bouton, etc.

L'utilisation de *mock-up* permet de travailler à partir d'outils visuels et permet d'éviter le passage par des cahiers de spécifications de développement traditionnels. Cette étape est couramment utilisée dans les processus agiles.

Il existe de nombreux outils gratuits en ligne qui permettent de faire des choses très propres comme Wirify, Moqups ou encore Mockingbird.

Toutes les productions de cette étape sont retravaillées et postées en temps réel sur la plateforme Stormz (https://stormz.co/fr/) afin que les managers puissent voter post-séminaire pour leurs fonctionnalités préférées et faire des suggestions d'amélioration.

La plateforme Stormz permet d'échanger en direct et sous la forme d'un fil d'actualité avec l'ensemble du réseau. Conçue initialement pour faciliter les animations de réunions ou de séminaires, cette plateforme a été utilisée par le Groupe AG2R LA MONDIALE entre les 12 séminaires et jusqu'au développement de l'application smartphone pour échanger en direct sur les fonctionnalités designées au fil de chacun des séminaires. En effet, les participants peuvent échanger avec les animateurs, notamment pour leur poser des questions, mais également échanger entre eux, mettre des commentaires, proposer des améliorations/compléments aux *mock-up* proposés, ou encore voter pour leur *mock-up* préféré ou celui qui leur semble le plus utile pour répondre aux situations d'usages identifiées.

Cette plateforme est présentée comme la forme de communication privilégiée pour assurer le lien entre les 12 séminaires, faire vivre la communauté de développeurs initiée lors des séminaires et prioriser les *mock-up* à développer *in fine* dans l'application de création de lien entre les collaborateurs du Groupe AG2R LA MONDIALE.

L'utilisation de cette plateforme par les groupes permet d'observer la fréquence et le type d'usage d'un outil collaboratif. Une analyse sémantique sera réalisée pour qualifier les interactions.

Lors de cette étape, les facilitateurs ont pour objectif de préparer la restitution non seulement de cette phase, mais également de faire une synthèse de l'ensemble de l'expérimentation vécue tout au long du séminaire. Il faut souligner que la plupart des groupes ont utilisé un outil digital présenté lors du premier atelier, tel que Prezi ou BD Studio Pratic.

Atelier 4 : Scénariser les cas d'utilisation

Producteurs 5 groupes d'une dizaine de personnes	Scénariser les cas d'utilisation (contexte, visuels, choix...) des 5 fonctionnalités sélectionnées. Une fonctionnalité, sélectionnée la veille, est assignée à chaque groupe. Chaque groupe doit imaginer et construire le cas d'utilisation de la fonctionnalité, c'est-à-dire la description de l'utilisation de la fonctionnalité (contexte, étapes, scénarios, interactions avec l'application...). Les éléments suivants sont à identifier et retranscrire dans une fiche fonctionnalité sur Azendoo: • objectifs (services rendus par la fonctionnalité); • cas d'utilisation (*via* le tableau de construction physique); • conditions (conditions préalables qui ont besoin d'être remplies pour le bon déroulement de la fonctionnalité); • interdits (les préconisations de choses à ne pas faire). Un plateau de prototypage physique est mis à disposition des participants dans chaque salle pour impliquer tout le monde dans le processus de construction. *Les ressources SI (designer, pilote SI...) sont à disposition des groupes pour répondre à leurs questions (une consultation de 10 min maximum par groupe, possibilité de mutualiser les consultations).*

Facilitateurs 1 groupe de 6 pers.	Construire la séquence de partage des productions et de l'expérience vécue par les participants. Les facilitateurs définissent les modalités de restitution des cas d'utilisation aux autres groupes et au membre du Comité Exécutif qui sera présent l'après-midi. Ils construisent également une séquence d'émergence de questions pour le temps «Questions/Réponses» prévu avec le membre du Comité Exécutif. *Séquence facilitée par les animateurs externes.*

Ces quatre ateliers ont permis de découvrir des outils digitaux, mais ont également proposé d'expérimenter des postures et des processus propres au développement du digital dans les entreprises.

Chapitre 13

L'application Connect & Moi®

Les ateliers réalisés dans le cadre des Rencontres du management ont été une opportunité d'acculturation des managers aux postures managériales essentielles à l'aune du digital, mais également la première étape de construction d'une application digitale.

Les productions des ateliers et plus particulièrement les maquettes de fonctionnalités ont été utilisées pour la conception d'une application nommée Connect & Moi® en mode agile. Le développement de cette application a été une opportunité d'apprentissage, créant ainsi une occasion de construire une culture digitale dans l'entreprise.

Le dernier atelier des séminaires des managers, l'atelier 4, consistait à prototyper des fonctionnalités de la future application sur des grands panneaux. L'atelier 4 a été réalisé dans une logique de *design thinking* (voir partie 4, chapitre 23) avec la volonté de formaliser les fonctionnalités au travers du dessin des écrans. Ci-dessous les dix exemples de *mock-up* des fonctionnalités construites lors des ateliers.

EXEMPLES DE *MOCK-UP*

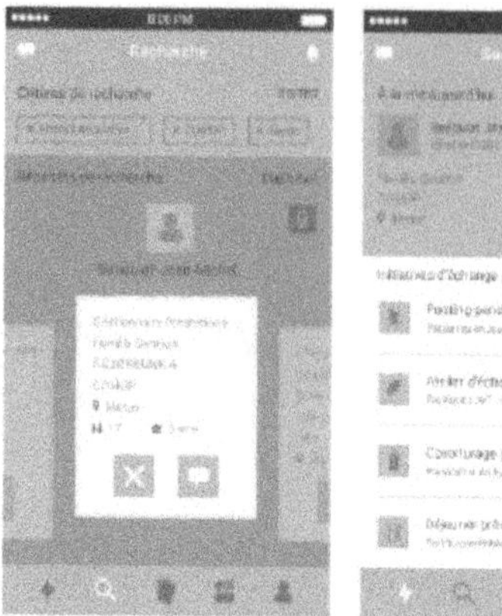

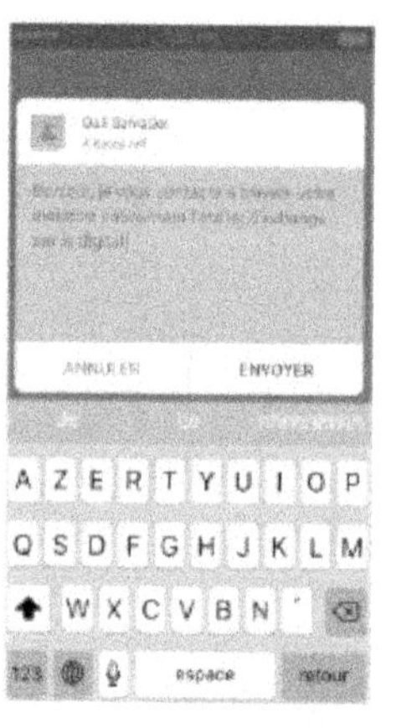

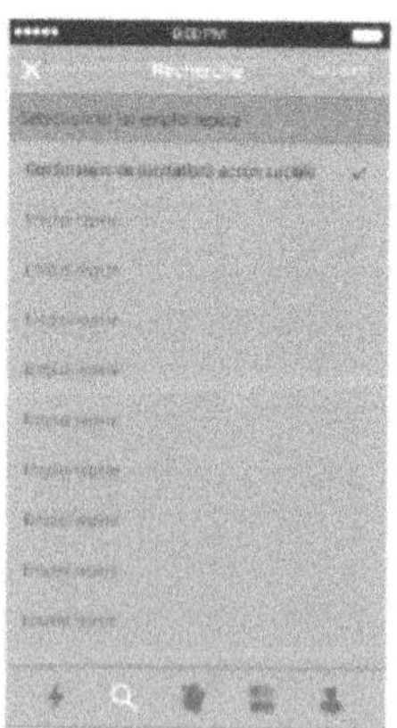

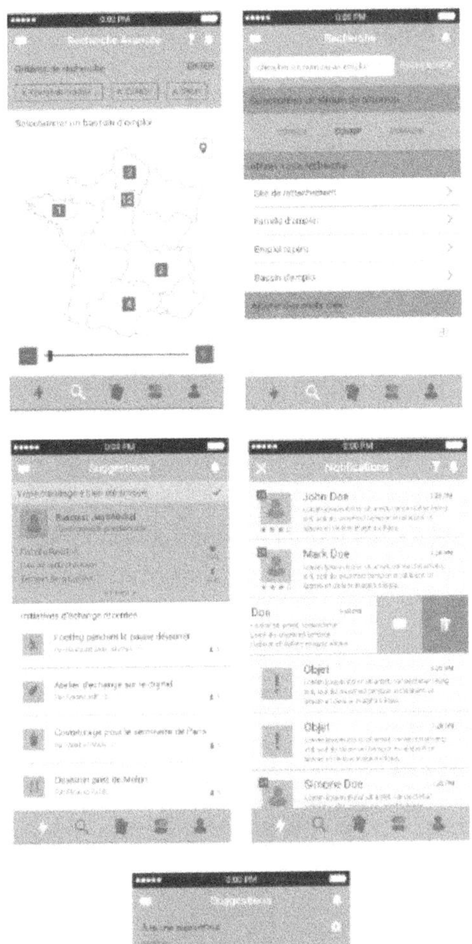
Recherche
Site de rattachement
Famille d'emploi
Emploi repère
Bassin d'emploi
Notifications
John Doe
Mark Doe
Objet
Objet

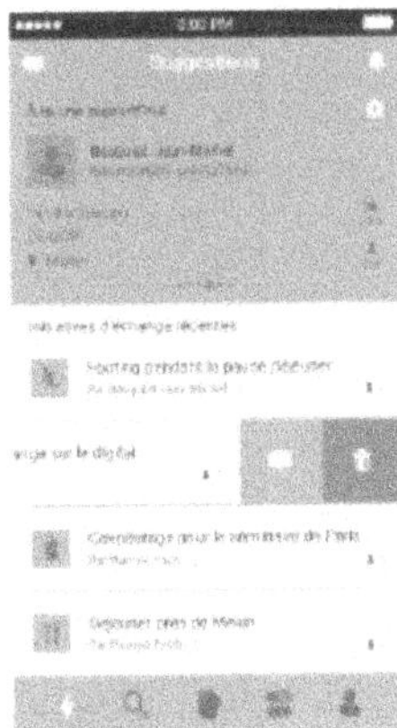

Les fonctionnalités de l'application Connect & Moi®

Les différents groupes de travail ont convergé pour une application digitale (App) permettant à tous les salariés du Groupe AG2R LA MONDIALE d'entrer en contact facilement.

Chaque salarié a la possibilité de renseigner un profil et de générer des échanges avec des collègues pour une question ponctuelle ou bien entretenir des conversations sur des sujets et des thématiques.

L'application a pour objectif de mettre en contact les personnes de manière simple et éphémère avec l'intention que les premiers échanges se poursuivent de manière physique ou virtuelle.

L'application Connect & Moi® est un accélérateur d'interaction et de mise en relation dans l'entreprise. L'application a privilégié deux postures : celle du donneur qui échange et donne du contenu et celle du receveur qui recherche des informations dans l'application.

Connect & Moi®

L'application Connect & Moi® a vocation à décloisonner et accélérer les échanges entre les personnes dans une logique de développement de la confiance (par connaissance) et de résolution de problèmes. L'application ne se substitue en aucun cas à la gouvernance et au fonctionnement hiérarchique de l'entreprise. La planche suivante issue de la présentation de l'application résume la philosophie de partage qui la sous-tend.

LES SERVICES RENDUS PAR CONNECT & MOI®

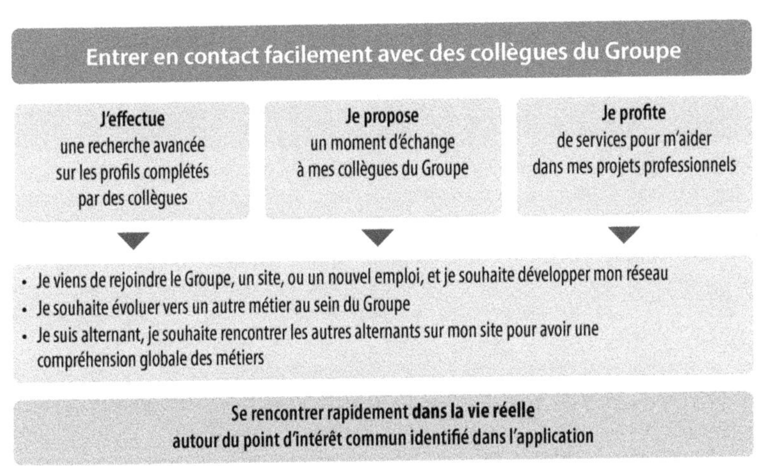

Fonctionnalité Découvre & Moi®

La première fonctionnalité de l'application propose aux personnes de renseigner leur profil, donnée d'entrée pour la mise en contact. Cette fonctionnalité est intitulée Découvre & Moi® illustrée par les écrans suivants. Il s'agit de constituer des profils recensant les centres d'intérêt afin de permettre les échanges comme le montre l'exemple ci-après.

Les profils sont alimentés à la fois par des données préremplies s'appuyant sur le système d'information RH du Groupe (état civil, emploi, filière métier, coordonnées professionnelles) permettant d'avoir les données minimales pour le fonctionnement de l'App et par des données saisies par l'utilisateur (pitch, photo, numéro de téléphone portable, parcours, etc.).

Découvre & Moi®
Exemple – HUGO, gestionnaire de compte santé

Se « pitcher »
En poste depuis deux ans, je saisis les affiliations santé et je me plais particulièrement dans la gestion de la portabilité. Par ailleurs, je traite les états d'appels des cotisations et je gère les soldes des clients. Lorsque nous accueillons des CDD, je forme les collaborateurs à l'activité du service. J'ai acquis une expertise dans la gestion des liquidations judiciaires. N'hésitez pas à me contacter si vous rencontrez des entreprises dans cette situation.
Mes domaines de compétences
Affiliation - Gestion des soldes - Liquidation - Règles de portabilité - Traitement des avenants
Mes projets
Formaliser et tenir à jour un support d'intégration des nouveaux collaborateurs de l'équipe.
Mon site
Néant
Mes diplômes / certificats
2008 : BTS NRC
Mes centres d'intérêt
Théâtre - Sport- Fleurs

Découvre & Moi®

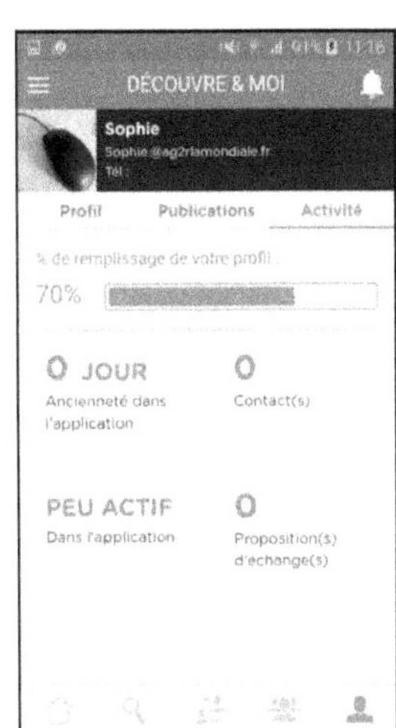

Fonctionnalité Trouve & Les®

Cette deuxième fonctionnalité est au cœur du dispositif de mise en relation. Il s'agit de rechercher (et bien sûr de trouver !) des personnes de l'entreprise en fonction des besoins et à partir des informations contenues dans les profils.

Quelques exemples de recherches et bénéfices associés :

- Vous devez suivre une formation sur le site de boulevard Brune, porte de Vanves et vous n'êtes pas un habitué des transports parisiens ; vous tapez le nom du site sur lequel vous devez vous rendre et à partir du résultat qui vous est envoyé :
  - vous lancez l'App GPS de votre *smartphone* qui vous indique le trajet pour le rejoindre ;
  - vous appelez l'accueil pour un renseignement ;
  - vous découvrez si le site bénéficie d'un restaurant d'entreprise pour prévoir votre déjeuner.

- Vous étiez en formation sur le site de Courbevoie avec un collègue prénommé Laurent, mais vous ne pouvez le recontacter car vous ne vous rappelez plus son nom de famille : vous tapez « Laurent », en précisant Courbevoie pour le site ; vous pouvez consulter son profil et le contacter.
- L'un de vos amis ouvre sa petite entreprise en banlieue de Chartres et il cherche à être conseillé pour sa protection sociale en tant que dirigeant. Vous souhaitez l'orienter vers quelqu'un du Groupe, mais vous ne savez pas qui : choisissez « commercial vente » dans la filière métier, puis recherchez. Dans la liste des sites, déroulez jusqu'à « Chartres ». L'ensemble des collègues du réseau commercial apparaît. Les collègues ayant renseigné leur activité vous permettront de cibler votre recherche sur les personnes adéquates pour informer au mieux votre ami et peut-être aider le Groupe à étendre son réseau de clients.

Les écrans suivants illustrent les étapes pour rechercher une personne avec des filtres sur le site, la filière métier et l'activité. À la manière de réseaux sociaux tels que Facebook ou LinkedIn, une liste de contacts s'affiche que l'on peut trier et dont vous pouvez consulter les profils. Il suffit ensuite de sélectionner le ou les contacts correspondant à la recherche et de les contacter par messagerie ou par téléphone.

L'application permet de trouver toutes les informations concernant un site et les moyens pour s'y rendre. Une entreprise comme AG2R LA MONDIALE est implantée dans toute la France. Les écrans suivants donnent les informations et font le lien avec des applications de géolocalisation du marché telles que Waze ou Google Maps.

Trouve & Les®

TROUVE & LES
Une personne, un site, un projet, un centre d'intérêt. Ne cherchez plus, trouvez !
QUE RECHERCHEZ-VOUS ?
Cibler ma recherche :
TROUVER
RÉSULTATS
Critères de recherche
Abc
Profils
Sites
Alexandre
COMMERCIAL - VENTE
PARIS
Aicha
COMMERCIAL - BACK OFFICE
MONS ...
Maria-ISABEL
GESTION
BALMA
Isabelle
RELATION CLIENT
MARSE...
Corinne
FONCTION SUPPORT
PARIS

RÉSULTATS
Critères de recherche
Profils
Sites
NOM
BEL
MALAK...
Vincent
COMMERCIAL - VENTE
BAYON...

Brigitte
Profil
Publications
Activité
Description
N° principal
01........
N° secondaire
08........
PROJET INFORMATIQUE
MES DOMAINES DE COMPÉTENCES
#Mobile
MES PROJETS

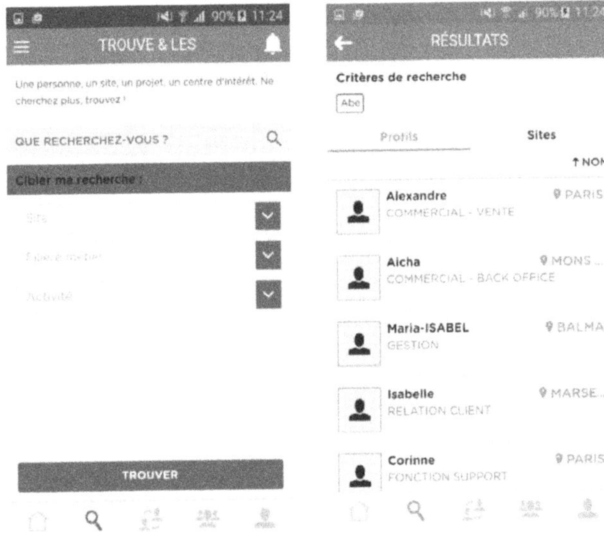

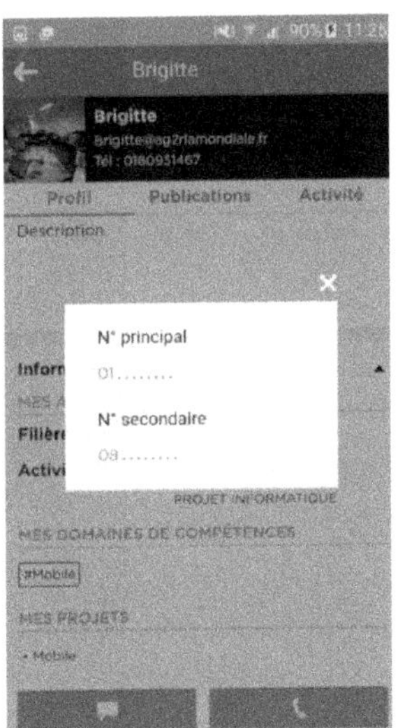

RÉSULTATS
Critères de recherche
Paris
Profils
Sites
Paris - Haussmann
104-110 boulevard Haussmann 75009 PARIS
Paris - Montholon
26 rue de Montholon 75009 PARIS
dis
aradis 75010 PARIS
Paris - Stanislas
9 rue Stanislas 75006 PARIS
Paris - Villette
170 -174 boulevard de la Villette 75019

PARIS - PARADIS
ITINÉRAIRE
APPEL
Paris - Paradis
25, Rue de Paradis
75010 PARIS
Accueil
Pas de standard
Restaurant d'entreprise
Oui

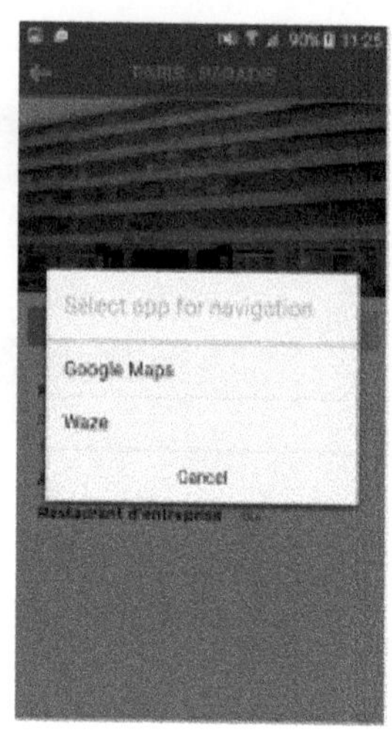
Select app for navigation
Google Maps
Waze
Cancel

Fonctionnalité Partage & Moi®

L'application n'est pas un simple annuaire, elle a également une fonction de partage de centres d'intérêt entre les personnes. La fonctionnalité Partage & Moi® a pour objectif de créer du lien entre collègues en partageant des moments de convivialité, des ressources et des expériences, ou en permettant de résoudre des problèmes comme le montrent les exemples suivants :

- Vous êtes adepte du *running* ou vous jouez d'un instrument et vous souhaitez partager votre passion avec des collègues lors de votre pause déjeuner.
- Vous vous déplacez souvent et vous souhaitez faire profiter un collègue d'une place dans votre véhicule.
- Vous êtes en vacances, pourquoi ne pas prêter votre bureau à un collègue de passage ?
- Vous avez vu une expo qui vous a plu, fait un voyage qui vous a marqué. Et si vous preniez un café avec des collègues pour partager vos découvertes ?
- Vous avez des expériences intéressantes à partager, proposez à vos collègues de vous rejoindre autour d'un déjeuner ou d'un café pour en parler.

L'application répertorie un certain nombre de catégories de centres d'intérêt, mais il est possible d'en créer de nouvelles et de saisir une proposition. Les propositions sont ensuite visibles et les personnes peuvent les consulter. Il est possible de voir les personnes intéressées et d'adresser un message au créateur de la proposition comme le montre la série d'écrans suivante. Il est possible de modifier une proposition, auquel cas toutes les personnes intéressées seront prévenues de la modification.

Des exemples de propositions d'échanges pouvant être traitées avec cette fonctionnalité :

- **Footing dans le parc Monceau le 15 septembre.** Un footing dans le parc Monceau la semaine prochaine à l'heure du déjeuner ? Activités sportives > Haussmann > 2 personnes > #footing #course #running.

- **Café ?** Un café pour échanger ça vous dit ? Instant de convivialité > Mons > 2 personnes > #café #convivialité #échange.
- **Expo « Picasso, un génie sans piédestal ».** Nocturne du Mucem chaque vendredi. J'irais bien voir l'exposition consacrée à Picasso. À partir de 10 personnes, il est possible d'avoir une visite guidée de l'exposition. On y va ensemble ? > Marseille > 10 personnes > #mucem #picasso #visiteguidée.
- **REX start-up.** J'ai travaillé pour la première fois avec une start-up non sans étonnement. Tenues vestimentaires, langage, culture... que de différences avec notre univers. Avez-vous vécu des expériences professionnelles avec des start-up ? J'aimerais avoir votre retour, savoir si elles fonctionnent toutes de la même façon. >Lyon > 10 personnes > #startup #culture.
- **Covoiturage Chartres-Brune le 18 septembre.** À l'occasion d'un rendez-vous clientèle, je dois me rendre le 18 septembre à 9 h chez un client proche de la porte de Vanves. Je pars de Chartres vers 7 h 30. J'ai trois places disponibles dans ma voiture. Êtes-vous intéressé ? > Chartres > 3 personnes > #covoiturage #chartres-paris.
- **Mon bureau est libre du 17 au 28 octobre.** À l'occasion d'un départ en congés pour 15 jours, mon bureau est disponible en B516 sur le site d'Haussmann. Si vous êtes de passage et sans bureau, n'hésitez pas à me contacter pour organiser le prêt de mon bureau. > Haussmann > 10 personnes > #bureau #haussmann.

Partage & Moi®

PARTAGE & MOI
Parcourez les propositions par catégorie
ACTIVITÉ SPORTIVE
Courir, rouler, partager un moment de sport avec des collègues, discuter des derniers résultats sportifs. Proposer vos propositions d'échanges !
INSTANT DE CONVIVIALITÉ
ART ET CULTURE
RETOUR D'EXPÉRIENCE
PARTAGE DE RESSOURCES
INSTANT DE CONVIVIALITÉ
DATE DE CRÉATION
Repas
Par Fanny
Dîner
Par Brigitte
Café
Par Sophie
A MODIF
Par Sophie
Café
Par Sylvain
Test
AJOUTER UNE PROPOSITION

CRÉER UNE PROPOSITION
Renseigner un titre
Décrire en quelques phrases synthétiques le contenu de votre proposition
Restant : 500
Durée d'affichage
1 jr
1 sem
15 jrs
1 mois
2 mois
Date et horaire
Récurrent
ENREGISTRER

DÉTAILS DE LA PROPOSITION
TEST
Par Antoine
01/07/2016 : 14:19
Instant de convivialité
Levallois - Anatole France
11
DESCRIPTION
Test de proposition
UTILISATEURS INTÉRESSÉS
Magali
PARIS
FONCTION SUPPORT
COMMUNICATION
Brigitte
MANAGEMENT
Sylvain
PARIS
FONCTION SUPPORT
ENVOYER

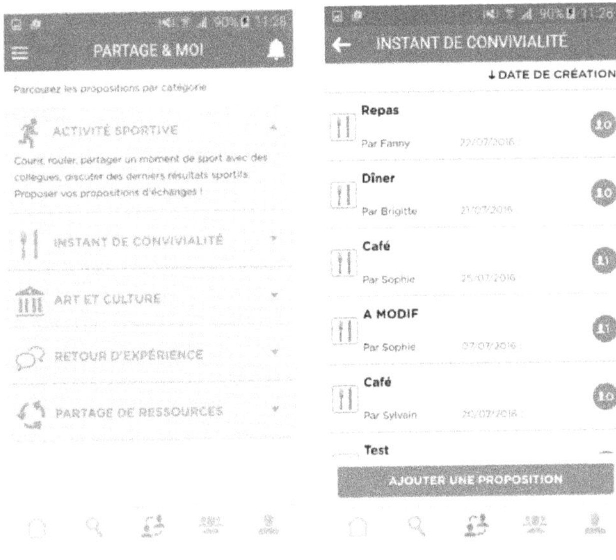

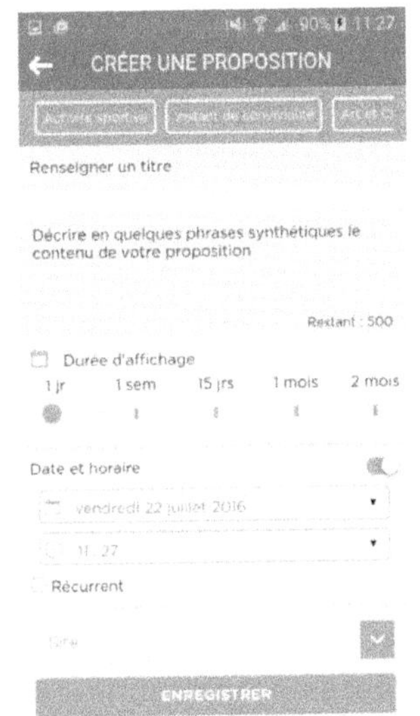

L'application se télécharge sur son *smartphone* personnel ou professionnel sur Apple Store ou Google Play grâce à un process d'enrôlement sécurisé permettant de garantir la confidentialité des données et de protéger l'entreprise d'intrusions malveillantes. Il suffit pour s'enregistrer de renseigner son adresse e-mail et de générer un mot de passe à partir de son poste de travail fixe.

Une diffusion virale

Une fois l'App Connect & Moi® développée et publiée sur les deux principaux *stores* du marché, il convenait alors d'en assurer le déploiement avec une particularité inhérente à son fonctionnement. Centrée sur le *peer to peer* (voir encadré ci-après), l'App supposait d'avoir beaucoup d'utilisateurs en un temps très court. En effet, afin que l'App permette de rendre les services attendus, il était nécessaire qu'elle soit enrichie de nombreuses propositions d'échanges et d'un grand nombre de profils. Cette spécificité nécessitait donc un déploiement viral sur une courte période de temps.

PEER TO PEER (P2P)

À l'origine, le concept du *peer to peer* (P2P) représentait un modèle de réseau informatique permettant à plusieurs ordinateurs de communiquer directement entre eux sans passer par un serveur central. Le concept s'est démocratisé avec le partage de fichiers multimédias qui s'est développé en 1999 grâce à la première application P2P destinée au grand public : Napster.

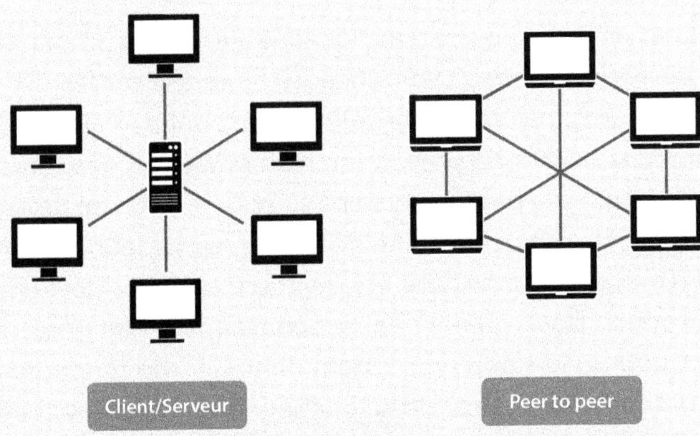

La collaboration au sein d'une communauté était la clé du succès du P2P, plus le nombre d'utilisateurs était élevé, plus le nombre de fichiers à partager et la vitesse de téléchargement étaient grands. Dix-huit ans plus tard, le P2P s'est étendu au-delà du domaine informatique : Uber, Airbnb, BlaBlaCar et consorts sont la matérialisation du P2P dans notre vie quotidienne. Le concept d'économie collaborative n'est finalement que l'extension du modèle Napster à l'économie réelle, le *smartphone* se substituant à l'ordinateur et le service venant remplacer le fichier multimédia qu'on échangeait. La personne est devenue la base du concept du P2P : c'est l'avènement du *people to people.*

P comme partage : la notion de partage est centrale dans le concept d'économie collaborative. La communauté partage ses expériences, note les services proposés ainsi que les membres de la communauté. Chacun peut ainsi se forger une opinion en se basant sur l'avis de tous. Le partage permet ici d'instaurer la confiance entre les participants.

L'équipe en charge du projet a donc identifié entre 20 et 30 primo-utilisateurs ou *early adopters* (voir encadré ci-après) sur les dix sites principaux du Groupe, soit environ 250 personnes. À l'issue d'une séance de deux heures de présentation en présentiel des fonctionnements de l'App, ces précurseurs ont eu pour mission de présenter chacun l'application à une dizaine de personnes de leur entourage. Chacune d'entre elles a ensuite été invitée à solliciter dix connaissances proches pour qu'elles la téléchargent à leur tour. Elles pouvaient pour cela s'appuyer notamment sur une fonctionnalité de l'App permettant, à partir de la fonctionnalité Trouve & Les®, de rechercher des collègues proches pour leur adresser un e-mail de proposition de téléchargement de l'App.

Par ailleurs, afin d'inciter l'ensemble des *early adopters* à essaimer auprès des leurs, un challenge a été lancé récompensant, parmi les dix sites sollicités, celui qui a le plus contribué au téléchargement de l'application et au renseignement des profils utilisateurs.

L'objectif initial, qui a été atteint, était de 3 000 téléchargements en deux semaines (entre le 6 et 16 septembre 2016). Le but était d'avoir rapidement un volume de contributions pour rendre l'application attractive.

En parallèle, trois vidéos de 1 minute 20 secondes ont été mises à disposition des *early adopters* et sur les réseaux de l'entreprise pour illustrer des situations d'utilisation de l'application.

Une vidéo met ainsi en scène un jeune embauché qui recherche un dictionnaire de l'entreprise pour décoder des abréviations. Une autre montre un homme à la recherche d'un coach sportif pour participer à une course à pied contre le cancer. Une troisième vidéo montre une personne à la recherche de conseils sur une pratique métier. En lien avec ces vidéos, des flyers et un sticker ont été distribués par les *early adopters*.

EARLY ADOPTER

Un *early adopter* est un individu qui a pour habitude d'utiliser quasiment systématiquement les nouveaux produits. Les *early adopters* forment donc une catégorie d'utilisateurs particulièrement propices à l'adoption de nouveaux produits ou de nouvelles technologies.

Dans le cadre d'actions ciblées, ils peuvent jouer un rôle moteur dans le lancement et l'adoption d'un nouveau produit, service ou offre en ligne. Dans le domaine high-tech, internet et les App sont des médias particulièrement favorables pour toucher les *early adopters* qui sont souvent en situation de «veille de nouveautés» et qui aiment généralement communiquer sur leurs nouveaux usages.

Les *early adopters* constituent souvent le premier marché d'un produit high-tech en phase de lancement.

Flyers et stickers

Partie 3

Les apprentissages de l'expérience digitale

Dans une logique de recherche-action, tous les séminaires ont fait l'objet d'une observation de la part d'une chercheuse affiliée à la chaire ESSEC du Changement, Blandine Hetet, afin d'envisager le processus d'appropriation du digital par les managers. L'observation des 12 séminaires a permis de recueillir des données qualitatives, mais également quantitatives portant sur un questionnaire, des données textuelles et l'activité sur une plateforme collaborative.

Chapitre 14

La maturité digitale des managers

Un questionnaire sur la maturité digitale des managers a été distribué et rempli par les participants au début du séminaire. Composé d'échelles de mesure sur le digital, il est détaillé dans la dernière partie de l'ouvrage. Les résultats sont à lire en complément du questionnaire sur la perception du digital réalisé en amont des séminaires et sont présentés au début de cette partie. Le traitement de ce questionnaire nous a permis de mettre en évidence les points suivants :

- La compétence digitale des personnes n'est pas corrélée à la compétence des responsables. Ce n'est pas parce que le responsable est mobilisé que le digital se diffuse plus largement auprès des collaborateurs. La compétence digitale s'exprime davantage au travers de personnes intéressées par le sujet que de groupes fonctionnels déjà identifiés.
- La compétence digitale se construit, pour l'essentiel, à l'extérieur de l'entreprise. Le savoir-faire digital est majoritairement le fait d'expériences menées en dehors de l'entreprise. On retrouve une population de technophiles représentant environ 20 % de la population globale.

- La compétence digitale est isolée. On retrouve dans tous les services des experts du sujet ou tout du moins des personnes très intéressées par le sujet. Ces personnes sont assez isolées et jamais réunies sur le sujet en entreprise en tant que telles.
- La compétence digitale apparaît très fracturée avec 20 % d'ultra-digitaux, 20 % de digitaux et 60 % de non-digitaux. Ces trois catégories ont très peu de liens entre elles et développent peu de passerelles.
- La non-compétence digitale tend à se transformer en complexe d'infériorité. Les non-digitaux ont tendance, soit à se désintéresser du sujet, soit à minorer son importance pour masquer leur ignorance en la matière.
- La compétence digitale se construit par expérimentation après un point de bascule. En ce qui concerne les personnes intéressées et qui s'investissent sur le sujet, la compétence digitale s'est construite grâce aux projets digitaux auxquels ils ont participé suite à un élément déclenchant sur le sujet. Ce « déclic » est en général une conséquence d'échanges avec des collègues et des personnes externes (conférence, *learning* expédition).

Les données qualitatives ont été recueillies à l'aide d'un protocole d'observation réalisé par une observatrice – chercheuse affiliée à la chaire ESSEC du Changement – qui a assisté à l'ensemble des séminaires. Afin de recueillir un maximum de données précises, l'observation s'est centrée principalement sur les groupes de producteurs, ces derniers étant autonomes quant à l'organisation et l'animation de leur travail.

L'observation a été structurée en fonction des ateliers et des thématiques identifiées :

- Atelier 1 : l'observation a porté sur les comportements des managers face aux outils digitaux afin de proposer une typologie de managers. Chaque personne réagit différemment face à l'utilisation d'outils digitaux. Cette typologie permettra de qualifier les comportements fréquemment observés dans les groupes face à une utilisation collective de ces outils.

- Atelier 2: l'observation des modes d'organisation et d'animation par les facilitateurs permettra de proposer une analyse de leur capacité à organiser et animer en utilisant les techniques digitales.
- Atelier 3: cet atelier a permis d'observer le passage d'une dynamique collective de groupe restreint (observée dans l'atelier 1) à un livrable collectif composé par l'ensemble des groupes. Le fait de coconstruire à 55 un document modifie la perception de l'objectif du groupe et fait appel à des mécanismes d'intelligence collective.
- Atelier 4: cet atelier est le dernier du séminaire et a pour objectif une production concrète d'un cas d'utilisation de fonctionnalité. L'observation a porté principalement sur les techniques utilisées pour proposer un livrable abouti et créatif. Ces deux critères ont été évalués à l'aide d'experts en applications mobiles.

De manière transversale, l'observation a porté sur la mise en place de la dynamique de groupe dans l'ensemble des ateliers en utilisant la grille de Bales ainsi que les postures de Saint-Arnaud. Ces deux grilles d'observation permettent de comprendre comment le groupe se structure et quelles sont les évolutions induites par le digital. L'observation des modes de leadership mis en place dans le groupe a été également réalisée pour l'ensemble des ateliers, ainsi que les techniques de créativité.

La grille de Bales[1]

Psychosociologue américain, Robert F. Bales est spécialiste de la dynamique de groupes. De 1946 à 1949, il observe des groupes de discussion et propose un système d'analyse des processus d'interaction pour déterminer le rôle de chaque participant et son évolution.

1 Robert F. Bales, « Rôles centrés sur la tâche et rôles sociaux dans des groupes ayant des problèmes à résoudre », *in* Lévy, A., *Psychologie sociale*, Paris, Dunod, 1972, p. 263-277; *Interaction Process Analysis*, Addison Wesley Press, 1950.

Pour cela, il a élaboré une grille qui porte son nom. Cette grille décompose les échanges entre participants d'un groupe en 12 catégories : six catégories pour les échanges centrés sur le travail et six catégories pour les échanges centrés sur les dimensions affectives et sociales.

Grille de Bales

Échanges sur le travail		Échanges sur les relations	
Positif	Négatif	Positif	Négatif
- Donne des suggestions - Donne des opinions - Donne des orientations	- Demande de confirmations - Demande d'avis, d'opinions - Demande de suggestions	- Manifestation de solidarité, de sympathie, aide - Détente et relâchement de tension - Manifestation d'un accord	- Manifestation d'un désaccord - Manifestation de stress ou de gêne, de tension - Attaque relationnelle, manifestation d'animosité

Les postures de Saint-Arnaud

Psychologue et consultant québécois, Yves Saint-Arnaud a travaillé sur la dynamique des groupes, et plus particulièrement sur l'énergie des groupes en mode résolution de problèmes. En 2004, il affirmait dans la *Revue québécoise de psychologie* : « La dynamique de groupe a été vraiment un des éléments clés de la Révolution tranquille au Québec. Elle a été un foyer de réflexion et d'éclatement des valeurs traditionnelles : elle a suscité une prise de distance par rapport à l'autorité, une remise en question du magistère de l'Église, tout cela[1]. »

Yves Saint-Arnaud a élaboré la théorie du groupe optimal. Cette théorie se base sur cinq principes fondamentaux :

1. La perception d'une cible commune et les relations entre les membres par rapport à celle-ci sont génératrices d'énergie.

1 Yves Saint-Arnaud, *Revue québécoise de psychologie*, vol. 25, janvier 2004.

Elles permettent la naissance du système-groupe. Le système-groupe se définit comme un champ psychologique produit par l'interaction de trois personnes ou plus avec une cible commune, l'interaction de chacune de ces personnes avec la cible commune et l'interaction des personnes entre elles.

2. Le groupe se développe selon un processus de croissance dans la mesure où l'énergie disponible augmente. L'énergie disponible augmente dans la mesure où les membres participent et communiquent entre eux.
3. Spontanément, l'énergie disponible se décompose en deux types : une énergie de production (dans la réalisation) et une énergie de solidarisation (dans la communication).
4. Le système-groupe maintient son harmonie dans la mesure où il convertit délibérément une partie de son énergie disponible en énergie d'entretien qui permet des mécanismes d'autorégulation non présents naturellement.
5. Le système-groupe atteint sa maturité lorsqu'il est capable de consensus sur des aspects importants de sa croissance.

Les postures des participants à un groupe sont définies par la figure suivante :

Postures des participants

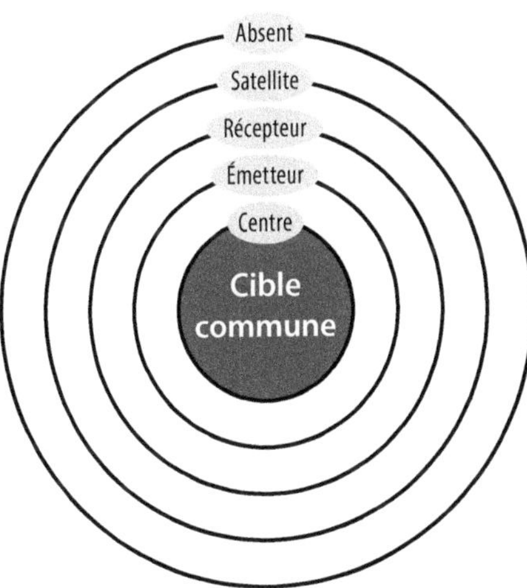

- **Le centre** : le participant formule une proposition, oriente le groupe, fait le point et cherche à donner toutes les ressources pour agir.
- **L'émetteur** : le participant donne son opinion, exprime son accord ou son désaccord et pose des questions concernant le contenu.
- **Le récepteur** : le participant est attentif à un émetteur ou au centre, pose des questions de clarification, manifeste de l'intérêt de façon verbale ou non verbale, prend du recul et observe.
- **Le satellite** : le participant est inattentif en ce qui concerne l'objectif, émet des opinions sans rapport avec l'objectif, s'exprime sur des phénomènes de groupe, remet en question l'objectif.
- **L'absent** : le participant s'absente, quitte momentanément, arrive en retard et démissionne.

Chapitre 15

Les processus d'appropriation du digital par les managers

Le digital a un impact sur tous les aspects de la société et modifie les rapports humains. Dans le cadre des Rencontres du digital, les participants étaient répartis en groupes de cinq à dix personnes. Cette organisation nous a permis d'observer l'émergence d'une dynamique de groupe et également d'analyser les effets de l'utilisation du digital sur l'organisation du groupe.

Le digital est matérialisé dans le cadre de ces séminaires par un ensemble d'outils collaboratifs tels qu'Azendoo ou Google Drawings et de présentation tels que Prezi ou BD Studio Pratic, mais également par une organisation du travail centrée sur l'autonomie du groupe. Chaque groupe était autonome dans son organisation, mais disposait d'un objectif précis proposé par les animateurs en début de séquence.

Influences globales du digital sur la dynamique de groupe

La plupart des groupes étaient déstabilisés par l'absence de cadre imposé, ce qui instaurait une forme d'inertie en leur sein. Cette inertie se manifestait par une absence d'organisation dans l'espace (les personnes restaient debout), une relecture des consignes et une verbalisation du type « je ne sais pas ce qu'il faut faire », « ce n'est pas clair », « je ne comprends pas la question ».

Cette première difficulté est directement liée à l'organisation du travail proposée par le digital qui implique une grande autonomie du groupe et l'absence d'animation. Les participants avaient des difficultés à se mobiliser, notamment du fait de l'absence de leader ou d'animateur (« quelqu'un peut nous expliquer ce qu'il faut faire ? » « qui anime le brainstorming ? »).

On observe également une différence d'organisation des groupes face au digital selon le nombre de participants qui les compose. 70 % des groupes étaient composés de sept ou huit participants, 20 % de moins de sept participants (entre quatre et cinq pour la plupart) et 10 % de plus de huit participants. Lorsque les groupes dépassent les huit participants, on observe la formation naturelle de sous-groupes et une diminution de la cohésion d'ensemble. Sans animateur ni leader désigné en amont, les groupes sont autonomes et responsables de leur organisation mais également de leur objectif, ce qui engendre des difficultés.

Même si un leader émerge dans le groupe, ce dernier s'intéresse principalement à l'atteinte de l'objectif et au respect des consignes plutôt qu'à la formation et à l'entretien de la cohésion du groupe. Cette observation nous a permis de comprendre deux mécanismes dans l'organisation d'un groupe avec le digital, que l'on retrouve dans tous les groupes :

- Mécanisme n° 1 : le groupe est *centré sur l'objectif et non sur la cohésion du groupe*. Les participants à un groupe dans un contexte digital, c'est-à-dire de manière autonome et en utilisant les outils digitaux, concentrent leur énergie sur la compréhension et l'atteinte de l'objectif. Nous n'avons observé aucun groupe s'interrogeant sur l'animation des relations entre les membres ou sur le renforcement d'un sentiment d'appartenance au groupe.

L'objectif du groupe est bien défini et rappelé par ses membres: « Nous devons produire un livrable digital », « Il ne faut pas oublier la fiche fonctionnalité ». L'objectif commun d'un groupe est ce qui le structure et permet de fédérer les participants. Globalement, nous avons observé, dans le cadre de ces 12 séminaires, que l'utilisation d'un protocole d'animation digital, avec une grande autonomie et des outils à disposition des participants, favorise la concentration du groupe sur l'objectif et son efficacité. L'utilisation du digital renforce l'ancrage du groupe sur l'objectif commun et sa réalisation. En cas de désaccord ou de conflit dans le groupe, ce dernier n'essaye pas de restaurer la cohésion de ses membres mais recentre le propos sur l'objectif final et la production du livrable.

- Mécanisme n° 2: les participants *travaillent avec les membres du groupe investis mais ne stimulent pas les personnes se désintéressant du groupe*. Dans le cadre d'un travail collectif, certaines personnes ne souhaitent pas s'investir et préfèrent se consacrer à une autre activité, voire quittent le groupe physiquement. Ces personnes sont appelées des satellites (voir les postures de Saint-Arnaud dans le chapitre précédent) et peuvent parfois perturber le bon avancement du groupe. Dans le cadre de ces séminaires, nous avons observé de nombreux satellites, entre un et trois par groupe. Néanmoins, il est important de noter que le nombre de satellites augmente avec la taille du groupe, ce qui peut s'expliquer soit par la difficulté à trouver sa place soit par le fait de se reposer sur le travail réalisé par les autres.
- Dans un groupe animé de manière classique avec un animateur, les satellites sont incités par ce dernier à rejoindre la réflexion ou la production collective. Dans le cadre des séminaires, les

participants étant autonomes dans leur organisation et leur gestion du groupe, c'était alors à eux d'envisager la façon de gérer leurs membres satellites. On observe qu'aucun groupe n'a mis en place une discussion ou une stratégie visant à réintégrer les membres se désintéressant du groupe.

Nous pouvons donc en synthèse dire que dans le cadre d'un groupe digital, quelle que soit son organisation, les participants seront centrés sur l'objectif et essayeront de l'atteindre avec les membres investis, sans chercher à réintégrer ceux qui se mettent en retrait.

Ces deux observations ont été confirmées par l'analyse des interventions des participants dans le groupe. Selon Robert F. Bales[1], la dynamique de groupe se caractérise par deux comportements principaux :

- les comportements socioaffectifs (centrés sur les relations) ;
- les comportements centrés sur la tâche.

1 *Op. cit.*

Comportement et dynamique de groupe

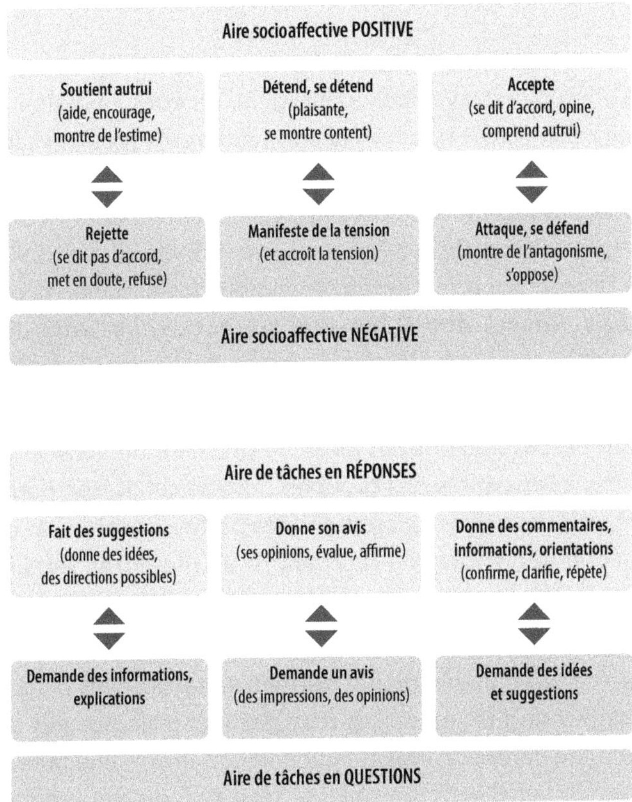

Lors de ses interventions dans le cadre d'un travail collectif, le participant utilise des comportements plutôt centrés sur la tâche ou, inversement, sur les relations. Dans notre étude, on observe une majorité d'interventions centrées sur la tâche, quels que soient l'organisation du groupe ou le nombre de participants qui le composent.

On observe également quelques interventions centrées sur les relations, mais plus souvent du fait des leaders émergeant dans les groupes – et leurs interventions précèdent la plupart du temps une nouvelle demande liée à l'objectif: « C'est bien ce que tu as fait (intervention centrée sur les relations), maintenant nous allons mettre en commun pour finir l'histoire (intervention centrée sur la tâche). »

Enfin, il faut souligner l'importance de l'objectif dans le cadre de la réalisation d'un travail collectif digital. En effet, le digital permet d'envisager un travail transversal entre différents groupes sans avoir besoin de proposer des mises en commun classiques. C'était le cas de l'atelier 3 dans lequel les participants étaient répartis en différents groupes, mais devaient réaliser un *brainstorming* sur un outil digital, Google Drawings, permettant à l'ensemble des groupes de produire du contenu simultanément. Chaque groupe pouvait alors consulter la production des autres groupes, mais également la modifier ou la déplacer.

L'objectif de cet atelier était alors de produire un livrable qui soit transversal à l'ensemble des groupes. Lors de cet atelier, nous avons observé un léger désinvestissement des participants face à l'objectif, ainsi qu'une augmentation du nombre de membres satellites. Ce désinvestissement n'était plus présent lors du dernier atelier pour lequel l'objectif était centré sur le groupe – et pas transversal.

On observe alors que le digital permet de faciliter les échanges et l'autonomie entre les membres d'un groupe, mais que ces derniers ont besoin de garder un objectif concret et centré sur le groupe pour s'investir. Le fait d'avoir un objectif trop flou ou transversal nuit à l'implication des membres dans le groupe, et ainsi à leur efficacité.

Émergence de schémas d'organisation du groupe

Face à l'ensemble des difficultés associées à la réalisation d'un travail collectif dans une situation digitale, les groupes se sont organisés de manière différente et on observe l'émergence de quatre schémas d'organisation. Ces quatre schémas observés peuvent être définis par deux axes :

- La présence d'un *leader* : les séminaires ayant été conçus de manière à laisser les participants les plus autonomes possibles face à l'atteinte de l'objectif, les groupes étaient libres face à la répartition des rôles. L'émergence d'un ou de plusieurs leaders dans le groupe était fréquente.
- La *répartition des tâches* : l'organisation des groupes pouvait également être différente dans la réalisation des tâches. Les participants avaient le choix de réaliser l'ensemble des étapes permettant d'atteindre l'objectif de manière collective ou de se répartir le travail en sous-groupe.

Ces quatre schémas ont principalement une influence sur l'organisation et l'animation des membres du groupe :

- *Groupe structuré* (50 %) : présence d'un leader qui anime la réflexion collective, sans qu'il y ait de répartition des tâches. Dans le cadre de l'observation des séminaires, le groupe structuré est l'organisation qui a été la plus utilisée. On observait la présence d'un ou de plusieurs leaders au sein du groupe de manière successive ou simultanée (voir partie 3, chapitre 16). Ces groupes se caractérisent par une forte présence d'un leader qui met ses compétences au service du groupe pour animer la réflexion collective. L'absence d'animateur présentant une difficulté pour la plupart des participants, le leader pallie ce manque et permet de structurer le groupe. Dans le groupe structuré, les décisions sont collectives, tout comme les productions.
- *Groupe guidé* (20 %) : présence d'un leader qui organise et répartit le travail entre les membres du groupe. L'émergence d'un ou de plusieurs leaders permet à ces derniers de prendre le contrôle de l'organisation du travail dans le groupe. Afin de faciliter la prise de décisions et l'atteinte des objectifs, le leader dans le groupe guidé prend un rôle d'animateur, mais également d'organisateur des tâches de chacun. Il aide ainsi les participants à se répartir les objectifs avant de proposer une mise en commun permettant la finalisation du travail. Ce type de groupe est typique d'une organisation managériale

classique, le leader ayant un rôle d'animateur et d'organisateur. Il permet de fournir aux participants un cadre rassurant pour réaliser les objectifs sans être livrés à eux-mêmes.

- *Groupe digital* (10 %) : organisation et répartition du travail collective en définissant des sous-groupes travaillant en parallèle. Le groupe digital est celui qui a été le moins observé dans le cadre de ces séminaires. Pourtant, l'ensemble du dispositif d'animation avait été pensé afin de favoriser ce type d'organisation : pas d'animateur, un objectif multiple permettant de facilement répartir les tâches, un nombre de participants important dans les groupes. Malgré cela, nous avons observé une faible part des groupes utilisant ce type d'organisation, ce qui peut s'expliquer en partie par l'habitude d'utiliser des formes d'organisation plus classiques, avec la présence d'un leader, ou par la découverte du sujet. En effet, l'objectif des groupes était relativement nouveau et différent de ce que les managers ont l'habitude de traiter au quotidien. Cela peut expliquer leur méfiance et leur prudence face à la répartition des tâches.
- *Groupe autonome* (20 %) : le groupe autonome se caractérise par son désintérêt pour l'organisation du travail ou des rôles de chacun. Les participants sont focalisés sur les objectifs et préfèrent concentrer toute leur énergie à leur atteinte. Dans ce type de groupe, nous n'avons pas observé de leader et chaque participant était l'égal des autres. Il est important de souligner le fait que l'ensemble des participants appartenaient à la même ligne managériale et pouvaient ainsi préférer une réflexion collective afin de ne pas induire de différences dans le groupe.

En synthèse, lors de l'observation, nous avons pu souligner la faible part des groupes choisissant de s'organiser de manière digitale. Cela peut s'expliquer en partie par la peur du changement, mais également par la facilité des managers à reproduire une manière habituelle de gérer les situations de travail collectif.

SCHÉMA D'ORGANISATION DES GROUPES : SYNTHÈSE

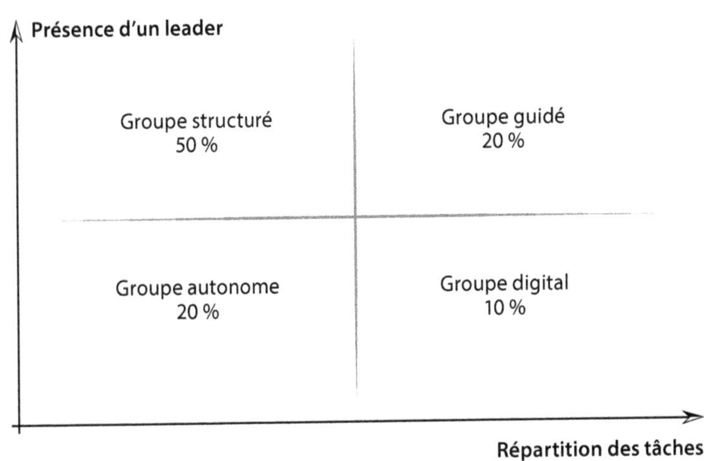

L'organisation dans l'espace des différents groupes était un indicateur important de leur cohésion, mais également de leur mobilisation vers l'objectif. Dans certains groupes, les participants restaient debout avant de s'installer autour des ordinateurs. D'autres se positionnaient tous face à l'écran sur lequel était projeté le contenu d'un ordinateur animé par un participant. Ci-dessous des illustrations des différentes organisations dans l'espace des groupes :

Groupe structuré, Groupe guidé, Groupe digital et Groupe autonome

Enfin, il est important de conclure ce propos sur l'organisation des groupes dans une situation digitale par un constat : aucun groupe n'a utilisé d'outil digital pour animer les échanges entre ses membres. Des outils tels qu'Azendoo auraient pu permettre au groupe d'animer son propre travail de manière digitale. La plupart des groupes ont préféré l'utilisation de *paperboards* ou échanger oralement.

Chapitre 16

Des trajectoires de maturité digitale

La maturité digitale est un processus permettant aux entreprises d'être prêtes à opérer une transformation de leur organisation en intégrant des outils, mais également de nouvelles façons de travailler en lien avec le digital. Les ateliers proposés dans les Rencontres du management avaient pour objectif d'évaluer et de préparer les participants à cette transition digitale. Utilisant plusieurs techniques de travail collectif et différents supports digitaux, ces ateliers ont permis de mettre en évidence la façon dont chaque individu appréhende le digital. Un premier constat permet de développer le processus de maturité digitale de façon individuelle : chaque personne utilise des techniques différentes pour s'approprier les outils ou les techniques de réflexion induites par le digital.

Par ailleurs, la maturité digitale des individus a des influences sur l'organisation : chaque personne ayant des niveaux et des appétences différentes face au digital, il est nécessaire de prévoir des temps d'apprentissage, mais également de travail collectif sous forme d'ateliers pour confronter les pratiques et les connaissances.

La maturité digitale : des postures individuelles

Bien que collectifs, les ateliers présents dans les séminaires des Rencontres du management ont permis de mettre en évidence le caractère individuel de la maturité digitale. Avant de développer la notion de trajectoire de maturité digitale, il est nécessaire de préciser les différentes postures observées lors de ces séminaires. Chaque posture peut être adoptée par un individu lors des ateliers :

- *Observation* : cette première posture est la plus fréquemment observée lors de ces séminaires. Elle dénote une attitude plutôt passive face à l'atelier, mais traduit également une forme d'appréhension face à la méthode utilisée ou au sujet traité. L'observation est également un moyen de comprendre et d'analyser le sujet traité avant de s'investir dans la réflexion.
- *Imitation* : processus nécessaire lors des apprentissages, l'imitation nécessite la présence d'un expert ou d'une personne ayant une posture d'action. Lorsqu'un individu adopte cette posture d'imitation, il reproduit un comportement ou une méthode qui a fait ses preuves et qui lui semble sûre. Par exemple, un participant qui reproduit exactement la méthode présentée par l'animateur pour utiliser un outil digital va utiliser le processus d'imitation. Il ne cherche pas à expérimenter, mais apprend des comportements qui lui semblent fiables.
- *Expérimentation* : cette posture se traduit par une prise de risque du participant. Ce dernier ne connaît pas l'outil ou l'exercice demandé, mais va procéder par une méthode d'essais/erreurs pour comprendre et apprendre. Lors des ateliers, cette posture a souvent été observée de manière collective face aux nouveaux outils digitaux proposés.
- *Action* : cette posture est différente des précédentes, car elle se traduit par une action non réfléchie et ne résultant pas d'une perspective d'apprentissage. En effet, certains participants ne cherchaient pas à acquérir une forme de maturité digitale, mais

avaient pour objectif de répondre à la consigne donnée et d'atteindre l'objectif en utilisant des techniques parfois inadaptées. Par exemple, un participant a utilisé un *paperboard* pour écrire l'ensemble du contenu de l'application, ce dernier devant être rendu sous format numérique. D'autres participants se sont alors positionnés en tant que leaders afin de permettre la transformation du contenu traditionnel en contenu digital.

- *Expertise* : cette posture est adoptée par des individus ayant le sentiment de maîtriser le sujet du digital. Ayant des connaissances sur les technologies de l'information, des outils informatiques ou travaillant dans un domaine informatique, ils se placent en tant qu'experts face aux autres membres du groupe. Ils peuvent alors développer deux postures distinctes : l'expertise pure, où ils mettent leurs compétences au service du groupe pour l'exécution de tâches, ou l'expertise apprenante, dans une perspective d'apprentissage et d'aide aux autres participants.
  Lors des ateliers, nous avons observé plus d'expertise pure dans les étapes nécessitant la mobilisation d'outils digitaux et plus d'expertise apprenante lorsque des réflexions ou des processus étaient requis.
- *Accompagnement* : posture observée notamment pour certains leaders, qui traduit une bonne connaissance des outils et des comportements associés au digital. Pouvoir accompagner les autres participants dans la découverte du digital et dans le développement de leur maturité digitale nécessite d'être à l'aise avec le sujet et démontre une maturité digitale élevée.

Toutes ces postures ont été observées lors des séminaires et nous ont permis de comprendre comment les individus construisent leur processus de maturité digitale.

Le processus de maturité digitale : trois trajectoires types

Le processus de maturité digitale est propre à chaque individu : il est difficile de proposer des schémas de comportement similaires, car il dépend des prérequis des individus, mais également de leur appétence face aux nouvelles technologies. Néanmoins, il est possible de proposer trois principales trajectoires de maturité digitale « classiques » observées lors des différents séminaires qui représentent 80 % des évolutions des participants.

Trajectoire 1 : débutants bienveillants (45 %)

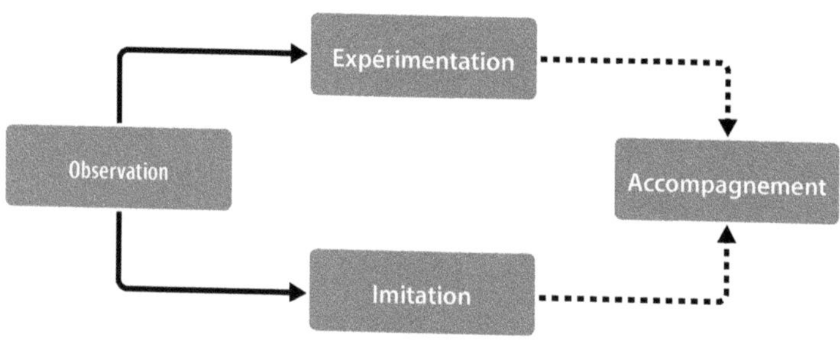

Dans le cas de personnes ayant peu de prérequis dans le domaine du digital, on observe une forme d'appréhension et d'incompréhension face aux outils, mais également face aux organisations de travail. Cela se traduit souvent par une période d'observation où l'individu reste silencieux et analyse les façons de faire des autres participants. Certains peuvent rester dans cette phase d'observation tout au long de l'atelier, voire tout au long du séminaire. Malgré une attitude en apparence passive, ces individus développent leur maturité digitale, mais restent à un niveau théorique.

D'autres individus passent à la pratique en utilisant des techniques d'apprentissage différentes : l'imitation ou l'expérimentation.

L'imitation sera privilégiée par des individus méfiants et peu sûrs d'eux pour apprendre à utiliser ces outils de manière relativement encadrée. Les autres privilégieront l'expérimentation, plus risquée mais permettant un apprentissage plus rapide et des résultats plus créatifs.

À la fin du séminaire, ces participants n'auront pas une maturité digitale suffisante pour être des experts, mais ils auront développé une connaissance suffisante et un intérêt pour le sujet qui leur permettra d'être des relais de l'apprentissage auprès de leurs équipes. Ils pourront alors développer un rôle d'accompagnement qui devra être soutenu par l'organisation en leur proposant des formations afin de renforcer leur rôle clé dans le déploiement du digital.

Trajectoire 2 : débutants réfractaires (35 %)

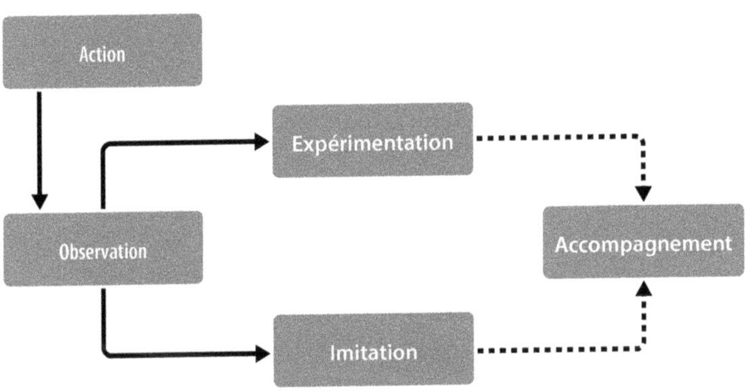

Ces personnes, ayant peu de prérequis sur le digital, préfèrent être directement dans l'action plutôt que dans l'observation. C'est alors que l'on constate des comportements qualifiés d'action, c'est-à-dire une posture de réflexion souvent en dehors du digital mais ayant pour but de répondre à l'objectif. Ces participants ont souvent un rôle de leader au début de l'atelier, mais s'effacent peu à peu au profit d'un rôle d'expert lorsque le groupe recentre l'objectif sur le digital. Ils développent alors une posture d'observation pour comprendre et analyser les différences intégrées par le digital dans la réflexion et la concrétisation des livrables. Ces participants suivent par la suite la même trajectoire que les débutants bienveillants, bien qu'ils aient souvent des difficultés à se détacher de leurs postures et de leurs schémas de pensée habituels.

Trajectoire 3 : experts (20 %)

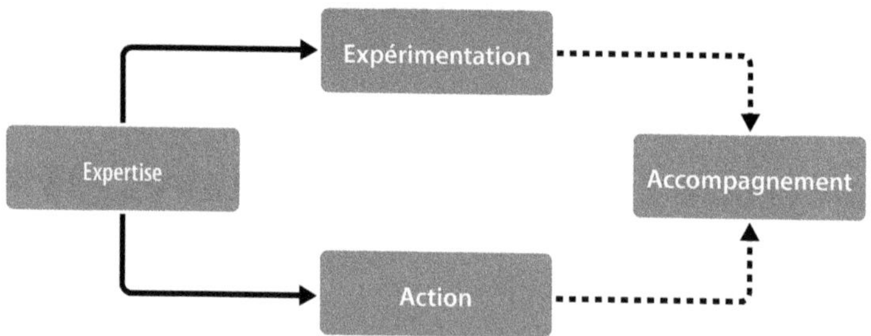

Cette trajectoire digitale concerne principalement les personnes ayant des prérequis sur les outils et l'ensemble des changements induits par le digital. Ils sont considérés comme des « experts » dans les ateliers et permettent souvent au groupe de développer un apprentissage plus rapide par leurs actions. Il est important de souligner que tous les experts ne se placent pas dans une posture d'expertise. En effet, certains préfèrent observer la situation ou être dans des postures d'expérimentation sans exprimer leur expertise. Ils sont cependant très peu nombreux (environ 20 %). Une grande majorité (80 %) d'entre eux utilisent leur expertise au service du groupe.

L'expertise peut induire plusieurs comportements. Nous avons vu précédemment qu'il fallait distinguer l'expertise pure de l'expertise apprenante. Les personnes ayant une posture d'expertise pure auront tendance à mettre leurs compétences au service du groupe, mais dans une perspective utilitariste. Ils se mettront souvent en marge du groupe, soit pour réaliser des actions, soit pour expérimenter et tester des outils sans en faire bénéficier le groupe. Ils sont moins nombreux que les experts apprenants. Ces derniers auront tendance à faire profiter les autres membres du groupe de leur expertise en proposant d'expérimenter à plusieurs ou en accompagnant le groupe lors de la mobilisation de comportements ou l'utilisation d'outils.

Lorsqu'un individu suit cette trajectoire, il a déjà de nombreuses connaissances sur le digital et sa maturité digitale est relativement forte. Ce type d'atelier permet néanmoins d'augmenter sa maturité digitale en lui permettant de transposer ses connaissances individuelles et personnelles au contexte collectif de l'organisation.

L'influence des trajectoires de maturité digitale sur l'organisation

Les différentes trajectoires de maturité digitale des individus ont une influence forte sur l'organisation. Il est important de souligner que celle-ci est composée d'individus ayant des niveaux de maturité digitale différents, ce qui complique l'accompagnement.

Néanmoins, la maturité digitale des participants des séminaires se traduit par un apprentissage. Même les individus ayant une expertise des nouvelles technologies passent par un phénomène d'apprentissage pour atteindre la maturité digitale dans le processus et la perspective de l'organisation.

Il faut alors proposer des parcours de formation adaptés à la maturité des individus, mais également à leurs appétences. Les individus restant dans un processus d'observation auront besoin de formations théoriques pour intellectualiser les processus avant de les mettre en œuvre. À l'inverse, ceux préférant l'expérimentation seront plus sensibles à des formations concrètes. Enfin, les experts pourront être formés à l'accompagnement et à la transmission d'une transformation digitale.

Chapitre 17

Typologie des managers par rapport au digital

L'observation de 12 séminaires regroupant 548 managers[1] opérationnels du Groupe AG2R LA MONDIALE nous a permis de comprendre comment les managers réagissent, agissent et modifient leurs comportements dans une situation digitale.

Les managers face au digital

Les travaux du MIT en 2014 cités en début d'ouvrage (partie 1, chapitre 5) ont permis d'ouvrir un domaine de recherche encore inconnu : celui de la place du manager face à la transformation digitale. Ils distinguent les entreprises selon la digitalisation de leurs processus, et selon la capacité de leurs managers à porter les changements induits par le digital.

Ces travaux permettent de comprendre le double enjeu du digital : la mise en place d'outils et leur appropriation/diffusion par les acteurs,

1 700 managers invités et 548 managers observés par les équipes de la Chaire ESSEC du Changement.

et notamment les managers. C'est dans cette perspective qu'ont été observés les 12 séminaires sur le digital :

- par l'utilisation et l'appropriation d'outils digitaux collaboratifs tels qu'Azendoo ou Google Drawings et de présentation tels que Prezi ou BD Studio Pratic ;
- par le développement de postures et de comportements digitaux (rendus possibles par l'autonomie de l'animation du séminaire).

Dans un premier temps, les managers parlent du digital en centrant leurs propos sur les outils qu'ils ne maîtrisent pas et qui induisent une forme d'inconfort. Peu de managers connaissaient les outils présentés (moins de 5 %) et la plupart des participants sont mal à l'aise face à ces nouveaux outils (« Je n'ai pas compris comment ça marche », « Est-ce qu'on peut nous former sur les outils ? », « Est-ce que quelqu'un peut me montrer comment utiliser cet outil ? »).

Il faut cependant souligner que, même s'ils avaient une forte appréhension face à l'utilisation des outils, la plupart des managers étaient ouverts à la découverte et environ 65 % d'entre eux avaient utilisé, sans les connaître, des outils digitaux.

Tous les managers, bien qu'occupant la même place dans la ligne managériale, n'avaient pas les mêmes réactions face au digital. L'observation des comportements dans les groupes nous a permis de distinguer quatre styles de manager face au digital. Ils sont définis par deux axes :

- Axe 1 : capacité à être leader dans le groupe. Tous les participants n'ont pas adopté la même posture face au digital. Certains ont choisi de se placer comme leader alors que d'autres sont restés plus passifs, voire totalement absents de la réflexion collective. La capacité à devenir leader dans le groupe, même pour un temps court, permet de comprendre la volonté des managers à participer et à découvrir le digital.
- Axe 2 : maturité digitale. Bien que l'ensemble des participants soit des managers de la même entreprise, ils n'ont pas tous la même connaissance et la même maîtrise du digital. L'intérêt

personnel mais également la curiosité envers les outils et les postures digitales permettent de prédire et de comprendre les comportements des participants lors du séminaire.

Ces deux axes nous permettent d'identifier les personnes motrices qui vont faire avancer le groupe et l'organisation, mais également d'identifier les personnes qui, malgré leur rôle de manager, sont plus attentistes face au digital. Cela a permis de proposer quatre typologies de managers :

- Manager *volontaire* (50 %) : ce sont les managers qui ne sont pas experts face au digital et connaissent peu les outils, mais sont acteurs dans le groupe. Ils sont volontaires et demandeurs de formation ou d'explication sur les outils digitaux. Ces managers, s'ils sont accompagnés par l'entreprise, peuvent rapidement comprendre l'intérêt et le fonctionnement des technologies digitales, mais également être des relais de ces connaissances auprès de leurs équipes. Ils représentent la majorité des managers présents aux séminaires, ce qui est positif pour la diffusion du digital dans l'entreprise.
- Manager *digital* (15 %) : ces managers sont habitués des technologies digitales et ont envie de transmettre leurs connaissances aux autres participants. Souvent piliers des groupes, ils partagent leurs savoirs pour aider les managers volontaires à découvrir l'utilisation du digital. Ce sont de très bons ambassadeurs des technologies dans l'entreprise.
- Manager *attentiste* (25 %) : les managers attentistes sont les personnes ayant une faible connaissance des outils digitaux et très peu d'intérêt pour ce qu'ils peuvent apporter à l'organisation. Ces managers auront une tendance à se mettre en retrait du groupe ou à éviter l'utilisation des technologies pour se concentrer sur le contenu des échanges. L'entreprise doit être particulièrement attentive à ce type de managers qui ne seront pas des relais dans leurs équipes. Il faudrait alors prévoir des formations spécifiques, voire du mentorat, pour faciliter l'appropriation des outils digitaux.

- Manager *indépendant* (20 %) : ces managers connaissent le digital et savent l'utiliser mais ils ne souhaitent pas partager leurs connaissances. Ce sont de très bons exécutants, car ils sont capables de réaliser des livrables sur des outils digitaux, mais ils ne prendront pas le temps de faire découvrir leurs compétences aux autres. Ces managers doivent être sensibilisés sur l'importance de la transmission de leur savoir à leurs équipes et accompagnés sur la manière de communiquer leurs compétences.

CAPACITÉ À ÊTRE LEADER ET MATURITÉ DIGITALE

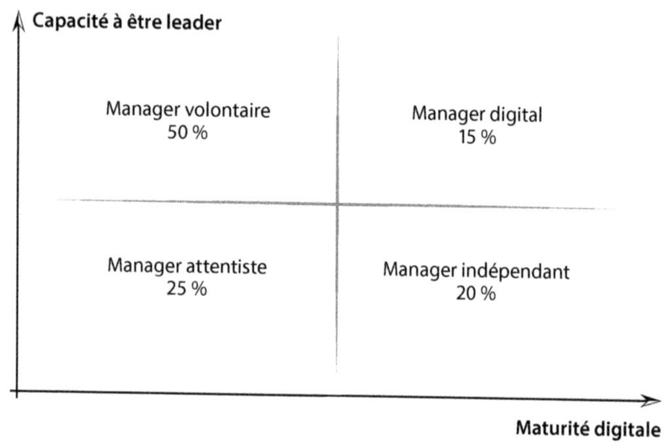

Lors des séminaires, nous avons observé la présence d'une majorité de managers volontaires ayant envie de se former au digital. L'objectif des séminaires était de leur faire découvrir des outils, mais également de leur proposer d'expérimenter par eux-mêmes cette technologie. Il est intéressant de souligner que, bien que la plupart des managers aient été très satisfaits du contenu et des apports du séminaire, ils demandaient une formation sur le digital ou un accompagnement spécifique.

L'expérimentation des outils et des postures digitales permet de sensibiliser les managers mais ils doivent être accompagnés dans leur transformation selon leurs besoins. Dans le cas d'une faible maturité digitale, il est nécessaire de proposer des formations, tandis que face à un public attentiste, il est nécessaire de fournir un accompagnement soutenu pour les aider à s'approprier le sujet du digital.

Vers un leadership digital

Nous avons observé quatre principaux styles de leadership pouvant coexister dans un même groupe. C'est une des particularités du digital : il permet une organisation autonome des groupes et ainsi de valoriser les compétences de chacun. Les quatre principaux styles de leadership observés étaient basés sur les compétences de chacun, sans posture hiérarchique mais en fonction des besoins du groupe.

- Leadership basé sur le contenu : le leader propose et oriente la réflexion autour du contenu pour permettre au groupe d'atteindre son objectif. Ce leader est souvent présent au début du groupe et intervient pour recentrer les propos autour de l'objectif. Il a un rôle fédérateur mais s'intéresse surtout à la réalisation des livrables plus qu'à la communication entre les membres du groupe.
- Leadership basé sur l'organisation : le leader propose un cadre de réflexion (consignes, objectif, temps) et s'assure du respect de ce dernier. Le leader a ici un rôle d'organisation et ne s'intéresse pas au contenu des échanges. Certains leaders peuvent intervenir de la manière suivante : « Vous voulez mettre en commun ? », « On se partage les tâches ? », « Qui se charge de la fiche fonctionnalité ? ».
- Leadership basé sur la communication : le leader reformule les idées pour clarifier et faire avancer le groupe vers l'objectif. Il s'intéresse à la compréhension et au bien-être de chacun : « Vous voyez ça comment ? », « C'est bien », « Tu as bien fait de te proposer ». Ce type de leader intervient pour relancer la discussion et mettre en confiance les membres du groupe. Il leur permet d'avoir des renforcements positifs mais également de mieux comprendre l'objectif commun.

- Leadership basé sur la maîtrise du digital : le leader se place en tant qu'expert et guide le groupe vers l'objectif : « Est-ce que quelqu'un connaît un des outils présentés ? » On observe aussi de nombreux leaders qui se placent devant les ordinateurs et prennent le pouvoir sur le groupe en démontrant leur maîtrise des outils et leur compréhension de l'objectif.

Lors de l'observation des séminaires, nous avons pu constater la succession, voire la coexistence de plusieurs des quatre styles de leadership définis ci-dessus. Cette coexistence n'induisait pas de conflits, car les différents leaders s'intéressaient à des aspects différents de la vie du groupe et n'étaient pas en compétition.

En revanche, nous avons pu observer des moments dans lesquels un leader devenait indispensable au groupe. Lorsqu'il devait quitter la salle, les autres exprimaient leur dépendance (« Mais on est perdus sans toi ! »). La dépendance à un leader est d'autant plus forte que la compétence qu'il représente est essentielle au bon fonctionnement du groupe. Dans le cas présent, la maîtrise des outils digitaux représente une compétence irremplaçable aux yeux des autres membres du groupe pour atteindre leur objectif.

Dans le cadre de ces séminaires, les managers, bien que pour la plupart novices face au digital, ont su développer leurs compétences aussi bien personnelles que collectives pour atteindre l'objectif commun du groupe. Ainsi, mais également en valorisant les compétences déjà existantes de chacun, ils ont su faire preuve d'agilité.

Chapitre 18

Un fonctionnement en projet agile

Les séminaires se sont conclus par des propositions de fonctionnalités d'une application mobile pour créer du lien entre les salariés de l'entreprise AG2R LA MONDIALE. Toutes ces propositions, issues des séminaires d'acculturation des managers au digital par la pratique, ont pris la forme de planches d'écrans avec des éléments d'information.

Après les séminaires, les productions ont constitué autant de ressources pour concevoir l'application. Il a été décidé de fonctionner en mode agile (voir le chapitre 21 de la partie suivante). Une équipe composée d'informaticiens internes et d'utilisateurs a été créée pour développer les fonctionnalités et les tester progressivement sous la forme de vagues auprès d'utilisateurs clés. Nous retrouvons les notions de *scrum* (équipe mêlée) et de *sprint* (cycle court de conception et de test) au cœur des méthodes agiles.

Rôle de *community manager*

Pour faire un lien entre les séminaires, la conception et le déploiement, une personne a été nommée *community manager* avec pour mission de communiquer aux différentes parties prenantes les informations *via* une plateforme de partage. Son rôle était aussi de solliciter différentes parties pour avoir leur avis et des retours. Par exemple, le nom de l'application n'a pas été imposé, mais proposé puis voté par les utilisateurs.

Une des fonctions du *community manager* a été de concevoir et diffuser des *newsletters* tout au long du projet. La dernière newsletter reproduite ci-dessous recense un certain nombre d'informations sur l'avancement du projet et son déploiement.

CHOIX DE LA MÉTHODOLOGIE DE DÉVELOPPEMENT AGILE : *SCRUM*

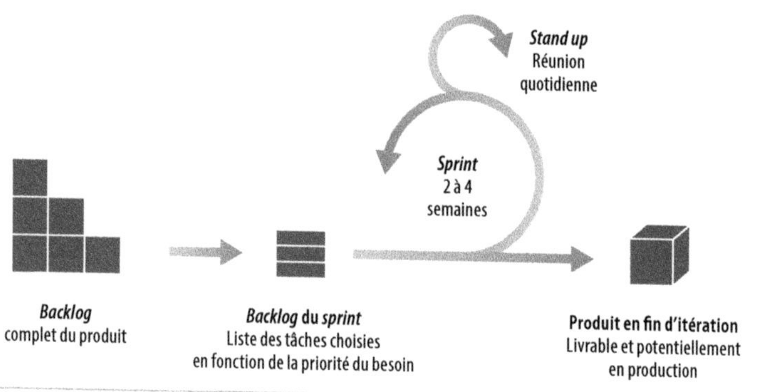

Nombre de sprints de développement : 8

- 1 sprint dit « technique » pour la mise en place du socle de l'application
- 7 sprints de développement « fonctionnel »

Durée d'un sprint : 2 semaines

Intégration dans l'équipe projet d'un membre des équipes de développement AG2R LA MONDIALE à chaque sprint :

- Apprentissage de la méthodologie agile
- Montée en compétence technique et fonctionnelle
- Prise en main du sujet en vue du *Run* de l'application

Une itération selon la méthode *Scrum*

Équipe projet

Composition de l'équipe projet :

1 *product owner*

- Responsable du *backlog* produit et de la priorisation des éléments à traiter par itération
- Garant du bon fonctionnement de l'application et représentant des utilisateurs finaux
- Valide ou invalide un *sprint*
- Coordination de tous les acteurs autour du projet
- Gestionnaire du budget et charges de développement

2 sponsors projet

- Donneurs d'ordres sur le projet
- En charge de discuter avec le *product owner* pour aider à la priorisation
- Mise en relation du *product owner* avec les différents services du Groupe

2 développeurs d'une SSII spécialisée

- 1 leader technique/*scrum* master: veille au respect de la méthodologie *Scrum* et protège l'équipe de développement des demandes extérieures au projet
- 1 développeur mobile confirmé

1 développeur AG2R LA MONDIALE par *sprint*

Planning de développement

- Le *backlog* de chaque *sprint* est défini par le *product owner* et les 2 sponsors projet deux semaines avant chaque *sprint*.
- Après chaque *sprint*, le lundi après-midi de la semaine suivante se déroule une revue de *sprint* et la démonstration du résultat du *sprint* (incrément produit).
- Le lundi matin de la 1re semaine d'un *sprint* est consacré à la description du *sprint* et à l'accueil du développeur AG2R LA MONDIALE pour pouvoir répartir les tâches.

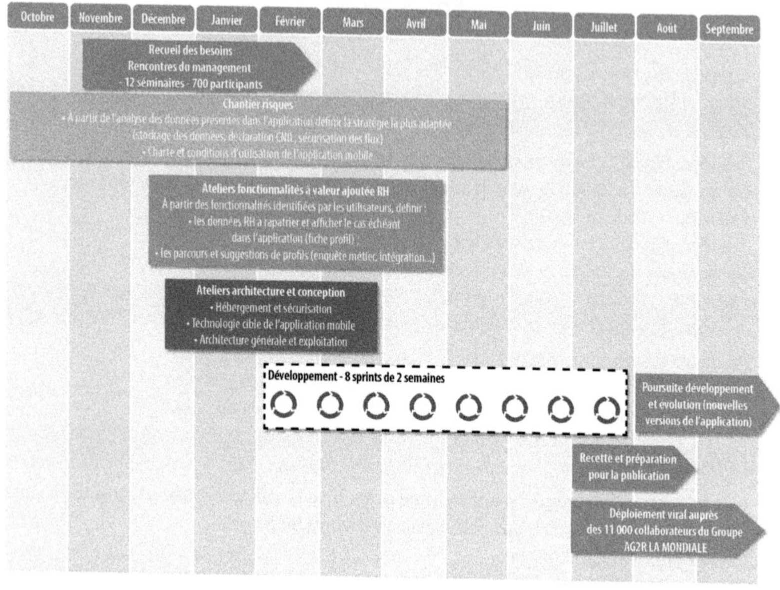
Octobre
Novembre
Décembre
Janvier
Février
Mars
Avril
Mai
Juin
Juillet
Août
Septembre
Recueil des besoins
Rencontres du management
- 12 séminaires - 700 participants
Chantier risques
• À partir de l'analyse des données présentes dans l'application définir la stratégie la plus adaptée
(stockage des données, déclaration CNIL, sécurisation des flux)
• Charte et conditions d'utilisation de l'application mobile
Ateliers fonctionnalités à valeur ajoutée RH
À partir des fonctionnalités identifiées par les utilisateurs, définir :
• les données RH à rapatrier et afficher le cas échéant
dans l'application (fiche profil)
• les parcours et suggestions de profils (enquête métier, intégration...)
Ateliers architecture et conception
• Hébergement et sécurisation
• Technologie cible de l'application mobile
• Architecture générale et exploitation
Développement - 8 sprints de 2 semaines
Poursuite développement
et évolution (nouvelles
versions de l'application)
Recette et préparation
pour la publication
Déploiement viral auprès
des 11 000 collaborateurs du Groupe
AG2R LA MONDIALE

COM ‘ OP

La communication des Rencontres du COMOP et du COMADIR

CONNECT & MOI : DISPONIBLE !

Après plusieurs semaines de développement, **CONNECT & MOI** est désormais disponible sur les stores Android et Apple.

Cette première application développée par et pour les collaborateurs du Groupe permet de :

- Rechercher facilement des collègues (annuaire),
- Publier des propositions d'échanges pour partager des moments de convivialité,
- Renseigner son profil et consulter celui de ses collègues,
- Accélérer ses projets professionnels au niveau de la mobilité, de l'intégration, créer son réseau de nouveaux collègues, d'alternants, ...

Pour la télécharger, rien de plus simple ! Tapez « Ag2r la mondiale » sur le store de votre smartphone et installez **CONNECT & MOI.** Cliquez sur « m'inscrire » et suivez la procédure !

COMMUNICATION INNOVANTE

Pour accompagner le déploiement de l'application, l'équipe projet CONNECT & MOI a construit, en interne, plusieurs supports de communication qui seront diffusés selon différents canaux :

- **Des spots de présentations** mettant en avant les collaborateurs du Groupe et diffusés sur l'intranet :
    - Développez votre réseau
    - Partagez votre expérience
    - Partagez vos passions
- **Des flyers et des stickers** distribués dans les sessions de présentation.

POUR LE DEPLOIEMENT, ON COMPTE SUR VOUS !

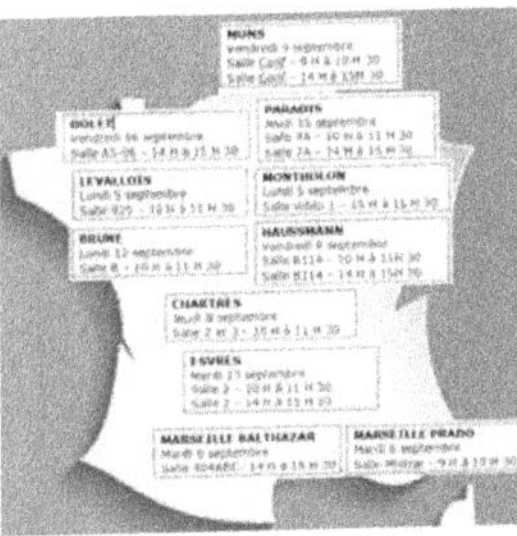

A partir du **5 septembre** prochain, l'équipe CONNECT & MOI sera présente sur différents sites du Groupe pour des sessions de découverte, d'utilisation et de promotion de l'application.

Le principe est simple, chaque participant aux sessions se verra convié à inviter lui-même une dizaine de personnes parmi ses collègues afin qu'eux même téléchargent **CONNECT & MOI** et la fassent télécharger à leur réseau. Objectif à atteindre : **3000 connexions les 15 premiers jours de septembre !**

Si vous souhaitez que l'application que vous avez conçue soit utile et utilisée, **téléchargez-la et faites la télécharger !** Incitez vos collaborateurs à renseigner leur profil, mettre leur photo et publier leurs premières propositions d'échange.

En cas de questions n'hésitez pas à nous contacter à l'adresse suivante : connectetmoi@ag2rlamondiale.fr

LE PROJET CONNECT & MOI, C'EST FINI. VIVE CONNECT & MOI !

Près d'un an de projet, une démarche entièrement co-construite avec les managers du Groupe incluant des apprentissages sur les postures managériales, une montée en compétences des équipes SI du Groupe sur le développement d'applications smartphone, l'apprentissage du « Community Management », la co-construction d'une charte mobile Groupe, le premier déploiement viral du Groupe, autant d'apprentissages qu'aura permis ce projet.

DSI, Direction des risques, Direction juridique, DRH, Direction de la Communication, Direction du Digital, autant de Directions, qui ont contribué largement au développement de ce projet, et que **nous souhaitons remercier vivement aujourd'hui pour leur engagement et leur grand professionnalisme.**

Avec le déploiement de **CONNECT & MOI**, le projet prend fin et cette lettre d'information sera la dernière. Nous souhaitons avec toute l'équipe vous remercier pour votre suivi et soutien tout au long de ce projet.

Longue vie à **CONNECT & MOI !**

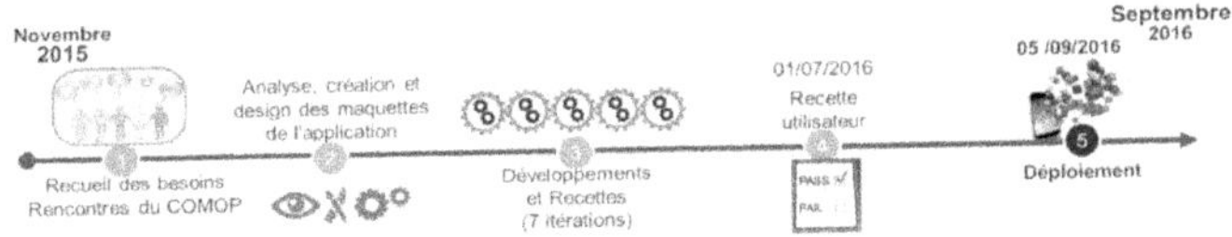

Partie 4

Quelques outils mobilisés

Différents outils ont été mobilisés pour ce travail d'expérimentation mêlant culture, postures managériales et digital. Cette partie les présente afin que cela puisse servir d'inspiration à tous ceux qui voudraient accompagner leur organisation dans les transformations culturelles et organisationnelles nécessaires à l'aune du digital. Cette partie propose un questionnaire de diagnostic digital, un questionnaire de maturité digitale, les méthodes agiles de développement informatique, le codéveloppement et le *design thinking*.

Chapitre 19

Le questionnaire des besoins digitaux des managers

Ce questionnaire est à destination des managers. Il vise à recueillir les perceptions et les besoins des managers à propos du digital dans leur fonction managériale. Les réponses obtenues constitueront un état des lieux de leur perception du digital et des pistes de besoins en termes de management digital. Ce questionnaire est complètement anonyme et construit en quatre parties :

- le digital et ses impacts sur les compétences managériales ;
- perception et compréhension des managers des outils digitaux ;
- intérêt et compréhension pour le mode « expérimentation » ;
- renseignements signalétiques.

Dans le cadre de l'expérimentation présentée dans cet ouvrage, ce questionnaire a été réalisé et administré totalement gratuitement, en s'appuyant sur un outil open source disponible sur le marché, Google Forms.

1. Le digital et ses impacts sur les compétences managériales

1. *Le digital pour vous, c'est (possibilité de cocher toutes les cases) :*

- ❑ De nouvelles technologies à intégrer dans notre quotidien personnel (banque en ligne, etc.)
- ❑ De nouvelles technologies à intégrer dans notre quotidien professionnel (réseaux sociaux, etc.)
- ❑ Un ensemble de technologies au service de la relation avec nos clients (multiplication des points, etc.)
- ❑ Un ensemble de technologies au service de la coopération avec nos collaborateurs et nos pairs
- ❑ L'évolution naturelle de nos outils informatiques actuels (Usine retraite, Pegase, 8X, Activ' Infinite, Prisme, SIC, CODA, etc.)
- ❑ Une évolution de la technologie informatique rendue possible grâce à internet
- ❑ Des applications nomades pour tous les usages
- ❑ Une mode

2. *Comment évaluez-vous globalement le niveau de changement induit par le digital ? (note de 1 à 4)*

____

3. *Quel est l'impact du digital sur votre rôle de manager ? (réponse multiple possible)*

- ❑ Aucun changement
- ❑ Changement technologique
- ❑ Changement sur les pratiques
- ❑ Changement sur les postures
- ❑ Changement dans les relations
- ❑ Autre : ______________________________

4. *Comment voyez-vous l'évolution de votre rôle de manager à l'ère du digital ?*

❑ Accroissement de votre rôle de « facilitateur » entre les personnes et les directions

❑ Accroissement de votre rôle de « contrôleur à distance » des tâches réalisées

❑ Accroissement de votre rôle de « développeur de coopération » entre les personnes

❑ Autre: ______________________________

5. *Sur une échelle de 1 à 4, comment évaluez-vous:*

Votre compétence digitale __

La compétence digitale de vos collaborateurs __

La compétence digitale de vos supérieurs __

La compétence digitale de votre entreprise en général __

Votre besoin d'outils digitaux __

6. *Avez-vous réfléchi à des dispositifs de montée en compétences digitales pour vos collaborateurs ?*

❑ Oui

❑ Non

7. *Comment évaluez-vous le niveau actuel de coopération entre les personnes (échelle de 1 à 4) ?*

Entre les collaborateurs de mon (mes) équipe(s) __

Entre les collaborateurs de mon (mes) équipe(s) et les équipes des autres directions __

8. *Pensez-vous que le digital peut aider au développement de la coopération transversale ?*

❑ Oui

❑ Non

9. *Avez-vous participé à des projets digitaux ces 12 derniers mois ?*

❑ Oui

❑ Non

Si oui, lesquels ?

____

10. *Ces projets digitaux ont-ils été menés (ne répondre à cette question que si « oui » a été répondu à la question 9) :*

❑ Avec vos équipes

❑ Avec votre N+1

❑ Avec vos pairs

❑ Autre : ______________________________

11. *Allez-vous participer à des projets digitaux les 12 prochains mois ?*

❑ Oui

❑ Non

Si oui, lesquels ?

____

12. *Pensez-vous que vos responsables insufflent un esprit d'expérimentation digitale ?*

❑ Oui

❑ Non

13. *Pensez-vous que le Groupe insuffle une dynamique d'expérimentations digitales ?*

❑ Oui

❑ Non

2. Perception et compréhension par les managers des outils digitaux

14. *Pensez-vous que des actes de management peuvent être réalisés avec des outils digitaux ?*

❑ Oui

❑ Non

15. *Quelles sont les applications digitales que vous utilisez pour vos actes de management ?*

❑ Aucune

❑ Une seule, laquelle :

____

❑ Deux et plus, lesquelles :

____

____

16. *Pensez-vous qu'il est possible de manager avec son smartphone ?*

❑ Oui

❑ Non

17. *Pour quel(s) acte(s) de management aimeriez-vous une application digitale ? (ne répondre à cette question que si l'on a coché « oui » à la précédente – plusieurs choix possibles)*

❑ L'animation des réunions

❑ La gestion des e-mails

❑ La gestion des documents

❑ La proposition d'idée

❑ La tenue d'ateliers créatifs et d'expression

❑ Le contrôle du temps

❑ Le contrôle de l'activité

❑ La mise en relation des personnes

❑ La résolution des conflits

❑ La gestion des RDV

❑ Autres : ____________________

18. *Quelles applications digitales grand public et gratuites seraient les plus utiles pour votre activité de manager ? (plusieurs choix possibles)*

❑ Réseaux sociaux de type Facebook ou LinkedIn

❑ App pour la formalisation de processus ou d'idées telle que Xmind

❑ App pour « tchatter » en temps réel telle que WhatsApp ou Hangout

❑ Des outils de visioconférence comme Skype ou Facetime

❑ Des outils de partage de documents tels que Google Drive

❑ Des outils de reconnaissance vocale comme Dragon ou Siri

❑ Des outils de gestion de projet comme Azendoo ou Basecamp

❑ Des applications de géolocalisation

❑ Autres : ____________________

19. *Avez-vous mené, dans le cadre de vos activités de management, une expérimentation d'outils digitaux ?*

❑ Oui

❑ Non

Si oui, lequel… et avec quel résultat… ?

____

____

20. *Avez-vous réfléchi à la question suivante : « Comment le digital peut-il modifier les actes de management ? »*

❑ Oui

❑ Non

21. *Avez-vous mené cette réflexion (ne répondre à cette question que si l'on a coché « oui » à la précédente) :*

❑ Seul

❑ Avec votre équipe

❑ Avec vos pairs

❑ Avec votre N+1

22. *Pensez-vous que l'entreprise mobilise suffisamment de moyens pour vous permettre de réfléchir à l'impact du digital sur les pratiques de management ?*

❑ Oui

❑ Non

23. *Si l'entreprise devait lancer trois actions pour développer le management à l'ère du digital, quelles seraient-elles ?*

❑ Action 1 :

____

❑ Action 2 :

____

❑ Action 3 :

____

3. Intérêt et compréhension pour le mode « expérimentation »

24. *Avez-vous déjà travaillé avec votre équipe en mode « labo » (des moments a-hiérarchiques dans un lieu dédié pour analyser un sujet et proposer des solutions) ?*

❑ Oui

❑ Non

25. *Avez-vous envisagé de travailler en mode « labo » avec vos collaborateurs (ne répondre à cette question que si la réponse est non à la question 24) ?*

❑ Oui

❑ Non

26. *Savez-vous détecter les compétences digitales dans vos équipes ?*

❑ Oui

❑ Non

27. *Comment évaluez-vous votre capacité à mettre vos collaborateurs en mode expérimentation (par exemple expérimenter l'utilisation d'une nouvelle application digitale) ? Donner une note entre 1 et 5, 5 étant la réponse la plus élevée.*

❑ 0

❑ 1

❑ 2

❑ 3

❑ 4

❑ 5

4. Renseignements signalétiques

28. *Genre*

❑ Homme

❑ Femme

29. *Quel est votre âge ?*

❑ Moins de 30 ans

❑ Entre 31 et 45 ans

❑ Entre 46 et 55 ans

❑ Plus de 56 ans

30. *Quelle est votre ancienneté dans le Groupe ?*

❑ Moins de 5 ans

❑ Entre 5 et 10 ans

❑ Entre 11 et 15 ans

❑ Entre 16 et 20 ans

❑ 21 ans ou plus

31. *Quel est votre niveau d'études ?*

❑ Bac et infra

❑ Bac+2

❑ Bac+4 ou +

32. *Vous considérez-vous comme un « geek » (fan d'informatique, de science-fiction, ou encore de jeux vidéo, ou toujours à l'affût des nouveautés et des améliorations à apporter aux technologies numériques) ?*

❑ Oui

❑ Non

33. *Avez-vous un « geek » dans votre équipe ?*

❑ Oui

❑ Non

34. *Combien d'applications smartphone ouvrez-vous par jour (e-mail, jeux, agenda, réseaux sociaux, tchat, etc.) ?*

❑ Moins de 5

❑ Entre 5 et 10

❑ Plus de 11

35. *Êtes-vous manager de managers ?*

❑ Oui

❑ Non

36. *Combien de collaborateurs managez-vous au total ?*

❑ - de 5

❑ Entre 6 et 20

❑ Entre 21 et 50

❑ + de 51

37. *Quelle est votre activité ?*

❑ Gestion collective (retraite complémentaire, prévoyance, santé)

❑ Gestion individualisée

❑ CICAS

❑ Relation clients/centre d'appels

❑ Activités sociales

❑ Commercial/marché des entreprises et marché des particuliers

❑ Commercial/marché des professionnels

❑ Fonctions commerciales (marketing, DAC, épargne patrimoniale)

- ❑ Finances (investissement, comptabilité, contrôle de gestion et risques)
- ❑ DSI
- ❑ Autres fonctions support

Chapitre 20

Le questionnaire de maturité digitale des managers

Ce questionnaire a été réalisé avec Kevin Johnson et Alaryc Bourguoin de HEC Montréal.

Dans votre organisation et dans le poste que vous occupez actuellement, combien d'applications ou de technologies digitales utilisez-vous ?

❏ 0 ❏ 1 ❏ 2 ❏ 3 ❏ 4 ou +

Lesquelles utilisez-vous ?

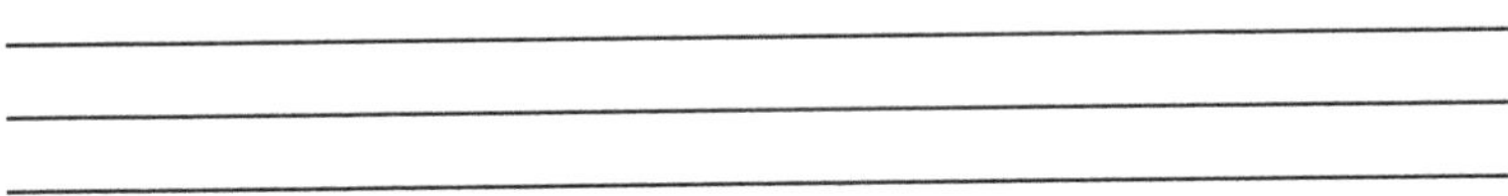

Indiquez jusqu'à quel point vous êtes en accord ou non avec les affirmations suivantes (1 = fortement en désaccord, 6 = fortement en accord)

Les technologies digitales de mon organisation...

	1	2	3	4	5	6
sont dans l'ensemble accessibles sur au moins deux supports (ex.: portable, ordinateur, tablette, etc.)						
me permettent de travailler à l'extérieur du bureau si je le souhaite						
me permettent d'utiliser moins de documents papier dans mon travail						
sont utilisées dans les réunions au travail						
me permettent de faire remonter de l'information vers mes supérieurs						
me permettent de capter de l'information sur le terrain						
me permettent d'être autonome						
sont utilisées dans les réunions de travail						
sont connectées avec celles de mon client						
me permettent de travailler avec un ou des collègues en simultané						
me permettent de comprendre facilement les rôles et responsabilités de chacun						
me permettent de me tenir au courant de ce que mes collègues font						
me permettent de m'améliorer continuellement dans mon travail						

améliorent le contrôle que j'ai sur la planification et l'organisation de mon travail						
améliorent beaucoup ma capacité à décider ce que je vais faire et quand je vais le faire						
diminuent mon autonomie pour faire les tâches qui m'incombent						
me permettent d'être plus productif au travail						
me permettent d'être plus précis et pertinent dans mes tâches						
me permettent d'être plus rapide dans mon travail						
me permettent de faire plus dans le même temps						
en général, les technologies digitales me rendent plus efficace dans mon travail						

Indiquez jusqu'à quel point vous êtes en accord ou non avec les affirmations suivantes en lien avec vos expériences et les technologies digitales dans votre travail (1 = fortement en désaccord, 6 = fortement en accord)

	1	2	3	4	5	6
Il m'est facile de communiquer à l'écrit						
Il m'est facile de comprendre ce que les autres communiquent						
Il m'est facile d'écrire sans faire de fautes d'orthographe						
Il m'est facile d'exprimer des idées à l'écrit de façon claire						
Il m'est facile d'écrire rapidement sur les plateformes digitales						

Depuis que vous utilisez des technologies digitales dans votre travail (1 = fortement en désaccord, 6 = fortement en accord) :

	1	2	3	4	5	6
J'ai un meilleur contrôle sur mes tâches et responsabilités						
J'ai plus d'influence sur les personnes qui m'entourent au travail						
J'ai plus d'impact direct ou indirect sur les décisions qui sont prises						
J'ai plus de pouvoir dans mon travail						

Indiquez jusqu'à quel point vous êtes en accord ou non avec les affirmations suivantes en lien avec vos expériences et la technologie en général (1 = fortement en désaccord, 6 = fortement en accord) :

	1	2	3	4	5	6
En général, je suis parmi les premiers à essayer les nouvelles technologies lorsqu'elles sortent						
En général, je suis intéressé à l'idée d'expérimenter les nouvelles technologies dès que j'en entends parler						
En général, je me tiens informé des derniers développements au sujet des technologies dans mes champs d'intérêt						
En général, j'aime expérimenter les nouvelles technologies						
Je peux facilement apprendre à utiliser de nouvelles technologies						
Je peux utiliser des technologies même si personne n'est là pour me montrer comment elles fonctionnent						

Je peux utiliser des technologies avec un soutien minimal						
Je peux trouver comment utiliser les technologies par moi-même						

Indiquez jusqu'à quel point vous êtes en accord ou non avec les affirmations suivantes en lien avec vos expériences et les technologies de toutes sortes dans votre organisation (1 = fortement en désaccord, 6 = fortement en accord) :

	1	2	3	4	5	6
Du soutien est disponible pour m'aider à choisir quelles technologies utiliser						
Des instructions spécialisées sont disponibles au sujet des technologies						
Lorsque je rencontre des difficultés avec l'utilisation des technologies, une personne en particulier est disponible pour me prêter assistance						
Lorsque je rencontre des difficultés avec l'utilisation des technologies, je sais où chercher de l'aide						
Lorsque je rencontre des difficultés avec l'utilisation des technologies, on me prête rapidement assistance						
Il n'est pas difficile pour moi d'apprendre et d'utiliser les technologies numériques						
J'ai mis très peu de temps pour apprendre à utiliser toutes les facettes des technologies digitales de mon organisation						
Les technologies digitales sont faciles à comprendre et à maîtriser						

J'ai rapidement appris à utiliser les technologies digitales au travail						
Il n'est pas difficile pour moi d'utiliser une technologie digitale durant une tâche						
Les technologies digitales sont faciles à utiliser dans mon organisation						
Au final, il m'a été facile d'apprendre à utiliser toutes les technologies numériques requises par mon travail						

Indiquez jusqu'à quel point vous êtes en accord ou non avec les affirmations suivantes en lien avec vos expériences et les technologies digitales dans votre organisation (1 = fortement en désaccord, 6 = fortement en accord) :

	1	2	3	4	5	6
On reconnaît ou récompense l'utilisation efficace des technologies digitales						
On m'encourage à expérimenter les technologies digitales afin d'améliorer ma façon de travailler						
On m'encourage à ajuster et à modifier les façons de travailler dans mon organisation, même si ce n'est que de façon mineure						
Les nouvelles façons d'utiliser une technologie sont formalisées et diffusées au plus grand nombre						
Les activités où des technologies digitales sont utilisées sont favorisées						
Les technologies digitales me sont utiles pour acquérir de nouvelles connaissances						

Les technologies digitales facilitent l'exécution des processus						
Les technologies digitales m'aident à trouver les informations dont j'ai besoin, au moment où j'en ai besoin						
Les technologies digitales m'aident à être plus efficace						
Les technologies digitales sont plus utiles que les outils conventionnels						
Il y a des instructions claires et compréhensibles concernant la façon d'utiliser les technologies digitales						
Je sais ce qui est attendu de moi lorsque j'utilise des technologies digitales						
Les procédures pour utiliser des technologies digitales m'apparaissent claires						

Indiquez jusqu'à quel point vous êtes en accord ou non avec les affirmations suivantes en lien avec vos attitudes et opinions personnelles par rapport aux technologies digitales (1 = fortement en désaccord, 6 = fortement en accord).

Lorsque j'utilise des technologies digitales dans mon travail :

	1	2	3	4	5	6
il est important d'être confortable dans leur utilisation						
il est prioritaire que je sois rapide						
je dois pouvoir les utiliser quand bon me semble						
pouvoir en tirer un sentiment d'accomplissement est important						

pouvoir en tirer du plaisir est important						
pouvoir en tirer un sentiment d'indépendance et d'autonomie est important						

Indiquez jusqu'à quel point vous êtes en accord ou non avec les affirmations suivantes en lien avec vos intentions et utilisations des technologies digitales dans votre organisation (1 = fortement en désaccord, 6 = fortement en accord) :

	1	2	3	4	5	6
Utiliser les technologies digitales dans mon travail est pratique pour moi						
Utiliser les technologies digitales dans mon travail est nécessaire pour moi						
Utiliser les technologies digitales dans mon travail est quelque chose que je valorise beaucoup						
J'ai l'intention de continuer à utiliser les technologies digitales dans mon travail						
Je m'attends à utiliser des technologies digitales dans mon travail dans le futur						
Je planifie d'utiliser des technologies digitales dans mon travail dans le futur						

Utiliser les technologies digitales dans mon organisation est :

(1 = une très mauvaise idée, 6 = une très bonne idée)

❑ 1 ❑ 2 ❑ 3 ❑ 4 ❑ 5 ❑ 6

(1 = très imprudent, 6 = très sage)

❑ 1 ❑ 2 ❑ 3 ❑ 4 ❑ 5 ❑ 6

(1 = aucunement bénéfique, 6 = très bénéfique)

❑ 1 ❑ 2 ❑ 3 ❑ 4 ❑ 5 ❑ 6

(1 = aucunement plaisant, 6 = très plaisant)

❑ 1 ❑ 2 ❑ 3 ❑ 4 ❑ 5 ❑ 6

Chapitre 21

Les méthodes agiles

Depuis quelques années, et notamment avec les applications web, on voit émerger de nouvelles méthodes de gestion de projet en informatique que l'on appelle «agiles». Développées à partir de la fin des années 1970 pour la conception des logiciels, ces méthodes promeuvent l'amélioration continue et la rapidité d'exécution. Les plus connues sont Scrum, XP ou encore RAD[1]. Les principes des approches agiles sont:

- le *scrum* (fonctionnement mêlé) pour signifier qu'il faut créer des équipes mêlant développeurs et utilisateurs selon différentes itérations en fonction des objectifs;
- le *build & run*[2] qui associe les moments de programmation aux temps de déploiement ou encore la division en *composants élémentaires* pouvant être conçus et testés unitairement.

---

1 James Martin, *Rapid Application Development*, Macmillan, 1991.
Kent Beck, *Extreme Programming Explained: Embrace Change*, Addison-Wesley, 1999.
Ken Schwaber, Mike Beedle, *Agile Software Development With Scrum*, Prentice Hall, 2001.

2 En relation avec la formule d'Amazon: «*you build it, you run it*» («tu le développes, tu le déploies») pour signifier que celui qui programme est aussi responsable de l'utilisation.

Les méthodes classiques

Les méthodes classiques de gestion de projet de type PMI proposent un déroulé linéaire de phases avec une séparation chronologique entre la conception et la réalisation. On parle parfois de méthode en V comme le montre la figure de la page suivante. Les phases 1 à 3 correspondent à la définition des besoins et à leur formalisation dans le cadre d'un cahier des charges qui est censé décrire de la manière la plus fine et exhaustive la réalité à informatiser. Cela se fait par une expression des besoins, une conception générale et une conception détaillée. La conception générale formalise de manière macro les processus à informatiser. La conception détaillée va définir pour chaque activité des processus concernés les données d'entrée, de sortie, les traitements, les règles de gestion, les exceptions ainsi que les interfaces homme-machine. La phase 4 est celle de la programmation avec le codage dans un langage des fonctionnalités décrites. Si les phases 1 à 3 relèvent d'un travail de maîtrise d'ouvrage, les autres phases sont à la charge de la maîtrise d'œuvre, même si pour les phases 7 et 8, la maîtrise d'ouvrage sera associée (dans la pratique, les frontières entre maîtrise d'ouvrage et maîtrise d'œuvre ne sont pas aussi claires). Les programmes issus du codage sont testés unitairement avant d'être intégrés à d'autres éléments de programmation déjà réalisés ou en cours de réalisation, de telle manière que les nouveaux programmes fonctionnent entre eux et avec l'architecture applicative existante. Les programmes font ensuite l'objet de recettes. Ils sont utilisés « à blanc » pour les activités qu'ils informatisent de telle sorte que ce qui a été programmé réponde bien à ce qui a été mentionné dans les phases de conception. Les fonctionnalités sont testées avec des cas réels afin de faire, le cas échéant, remonter les anomalies pour que ces dernières soient corrigées avant ou après le déploiement en fonction du niveau de contrainte de ces dernières. Entre la phase 7 et 8 et pour tenir compte de la gravité des anomalies constatées, on introduit une action de « GO/NO GO » qui valide la mise en production, appelée également déploiement (en anglais, *go live*). Dans cette même logique de pilotage du processus au regard de la capacité de l'application informatique à réaliser les objectifs attendus, un moment de stabilisation (*blueprint* en anglais) est réalisé après la conception détaillée. Il s'agit de finaliser l'étude fonctionnelle pour passer au codage, quitte à limiter cette dernière étape.

CYCLE CLASSIQUE DE DÉVELOPPEMENT INFORMATIQUE EN V

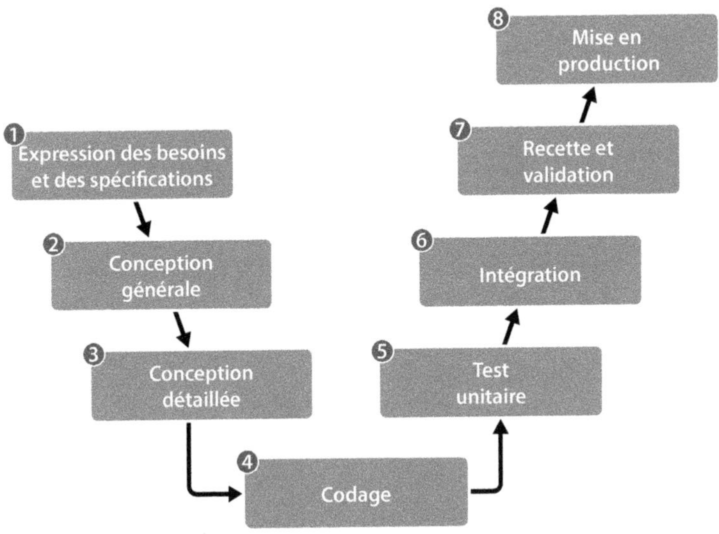

Les méthodes agiles

Les méthodes agiles cherchent à éviter les effets silos et tunnels des méthodes classiques de développement. Les méthodes classiques différencient et isolent trois silos : la conception (*think*), la programmation (*build*) et le déploiement (*run*). Cela a pour conséquence d'avoir un fonctionnement en silos avec peu de liens entre les parties prenantes alors que la qualité d'un projet de développement tient justement dans la capacité de ces mêmes parties à échanger et à s'ajuster. Les méthodes agiles proposent une organisation et une gouvernance des projets en équipe mêlée (*scrum*) avec des utilisateurs, des personnes de la maîtrise d'ouvrage, des personnes de la maîtrise d'œuvre, le tout piloté par un chef de produit (*product owner*) qui s'assure de la réalisation des développements informatiques. Les *scrums* sont en général quotidiens avec des périodicités de trois à quatre semaines pour s'assurer de la livraison de composants.

Les méthodes classiques passent beaucoup de temps en conception (les phases 1 à 3 du cycle en V) avant de procéder à la programmation puis au déploiement. Entre l'analyse des besoins, les premiers tests et le déploiement, il peut s'écouler six voire douze mois, créant un effet tunnel. Les utilisateurs sont mobilisés pour définir leurs besoins et ne seront re-sollicités que six ou douze mois après, faisant perdre de l'intérêt au projet et de la mobilisation. Les méthodes agiles privilégient des cycles courts de trois à quatre semaines pour la réalisation de composants qui, associés les uns avec les autres, constitueront l'applicatif. De cette façon, les parties prenantes ne perdent ni la motivation ni les connaissances entre la conception et les premiers tests. Les besoins émis et formalisés par les utilisateurs en équipe mêlée (*scrum*) sont très vite codés pour avoir des « bouts » d'applicatifs à tester et à mettre en production pour être confrontés aux besoins des utilisateurs et ainsi faire l'objet d'adaptations et de corrections jusqu'à la version jugée finale. La figure ci-après montre une boucle de développement agile avec au cœur du dispositif les besoins des utilisateurs et des phases en cycle qui s'alimentent dans une logique de formalisation/test/correction sous des délais inférieurs au mois.

Cycle de développement informatique agile

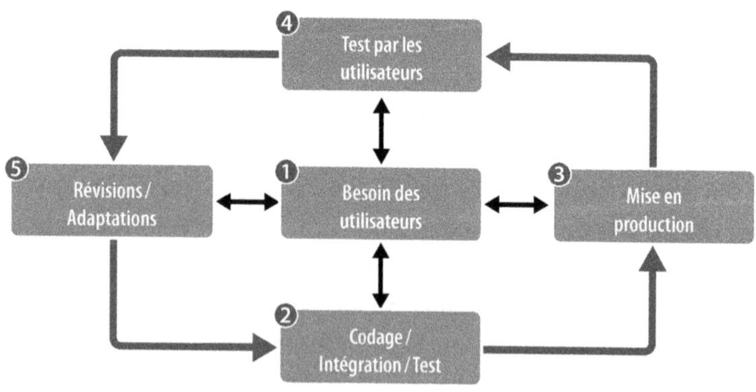

Chapitre 22

Le codéveloppement[1]

LA DÉMARCHE DE CODÉVELOPPEMENT

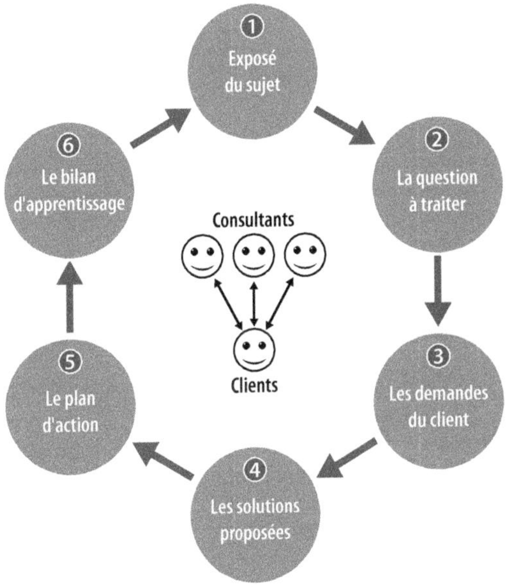

1 David Autissier, Laurent Giraud, Kévin J. Johnson, *Les 100 Schémas du management*, Eyrolles, 2015.

La méthode du codéveloppement a été initiée au Québec dans les années 2000 par Payette et Champagne[1].

Le groupe de codéveloppement est une démarche structurée orientée vers la résolution de problèmes collectifs avec des rôles bien précis attribués aux différents intervenants. Le codéveloppement assigne des objectifs, des principes et des phases où chacun a un rôle spécifique à jouer. Le principe consiste en ce qu'un groupe de personnes se réunisse et échange autour d'un problème et/ou d'une interrogation. Celui qui présente la problématique à traiter est le client. Les autres jouent le rôle de consultants. Ils ont comme objectif d'aider le client à bien définir sa problématique, à l'expliquer et à proposer des pistes d'actions.

Les rôles en codéveloppement

Étapes	Rôle du client	Rôle des consultants
Étape 1 : exposé du sujet en problématique	Argumenter en objectivant et comprendre pourquoi le sujet pose problème.	Écouter et analyser la demande en détectant les non-dits.
Étape 2 : clarification de la problématique	Distinguer ce qui relève des faits objectifs de la posture comportementale et des biais de perception du client. Proposer des chaînes causales d'explication et tester la robustesse de ces chaînes causales.	Ramener le client sur les faits et les intégrer dans des chaînes causes/conséquences.
Étape 3 : le contrat de consultation	Formuler une synthèse de la situation et de la demande.	Reformuler la synthèse pour bien s'entendre sur le sujet et la demande.
Étape 4 : réactions, commentaires, suggestions pratiques des consultants	Recevoir les avis et propositions des consultants. Savoir gérer les remarques, même désobligeantes, et garder le cap des échanges pour que ces derniers soient profitables.	Formuler des remarques, suggestions et possibilités au client sans le blesser tout en analysant pourquoi et comment les remarques lui sont adressées. Il s'agit pour le consultant de distinguer dans l'échange ce qui est de son intérêt et ce qui est de l'intérêt de l'autre.

1 Adrien Payette, Claude Champagne, *Le Groupe de codéveloppement professionnel*, PU QUÉBEC, 2005.

Étape 5 : synthèse et plan d'action	Ramasser des informations disparates en les structurant de manière à ce qu'elles permettent la formalisation d'actions.	Orienter la réflexion vers des actions adaptées au client, des actions qu'il sera en mesure de réaliser.
Étape 6 : conclusion : évaluation et intégration des apprentissages par chacun	Comprendre ce qui a été fait pendant l'échange et ce qui a conditionné l'action.	Commenter le résultat obtenu et le comportement des uns et des autres.

Cette méthode permet un échange orienté sur la résolution de problèmes et est en même temps une occasion d'apprentissage pour les acteurs. Le codéveloppement est une méthode opérationnelle pour des stratégies de changement basée sur le développement humain. Pour opérer un changement, il faut que les bénéficiaires changent leur manière de voir dans une logique d'apprentissage.

L'autorégulation n'est pas évidente. Un autre participant peut jouer le rôle d'animateur et veiller au bon fonctionnement des séances de telle manière que chacun reste dans son rôle et que la finalité poursuivie (l'amélioration de la pratique professionnelle) se réalise.

Chapitre 23

Le *design thinking*[1]

Le processus de *design thinking* préconise différentes phases représentées par la figure ci-après. L'idée centrale du *design thinking* est de construire très rapidement des prototypes esthétiques et pédagogiques pour les mettre en test auprès des utilisateurs. Ces prototypes sont le résultat d'observations très fines des usages des utilisateurs et de la problématisation de ces derniers.

1 David Autissier, Laurent Giraud, Kévin J. Johnson, *op. cit.*

LE *DESIGN THINKING*

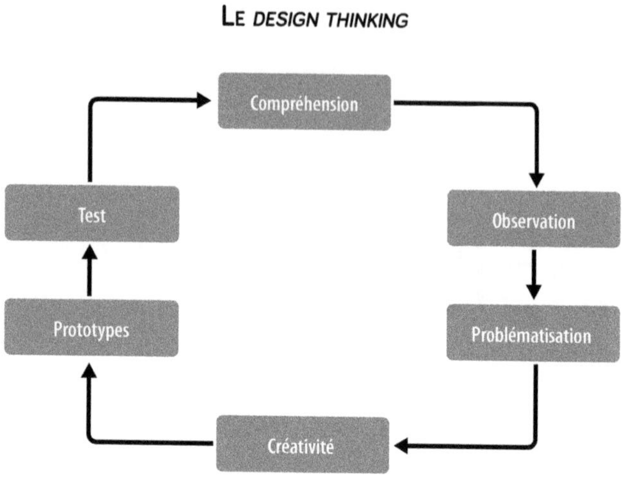

Le *design thinking* est un processus d'innovation basée sur l'observation des usages et le prototypage. Il s'applique à l'innovation des produits, mais aussi des services. Cette pratique est née au milieu des années 2000 à l'université de Stanford et dans des entreprises de design telles que Ideo. Les experts mondiaux du concept sont David Kelley, Tim Brown ou encore Bruce Nussbaum. Stanford a créé la d.school inspirée des idées et concept du *design thinking*[1].

La première étape du *design thinking*, la compréhension (*understand*), vise, sur un sujet donné, à qualifier les usages, les questionnements autour de ces usages et les modalités d'observation de ces mêmes usages. Le processus de *design thinking* se veut collectif en faisant intervenir différents types d'acteurs. Cette phase de compréhension a aussi pour objectif de partager collectivement un sujet et de le circonscrire en vue de son observation et de son analyse.

La deuxième étape réside dans l'observation des usages en question. Si vous travaillez sur la mobilité des personnes en zone urbaine, vous regarderez alors qui utilise, et comment, les différents modes

1 Tim Brown, *Change by Design: How Design Thinking Transforms Organizations and Inspires Innovation*, Harper Business, 2009.
Tim Brown, Barry Katz, *L'Esprit design. Le design thinking change l'entreprise et la stratégie*, Pearson, 2010.

de transports (vélo, moto, voiture, transport en commun, etc.) de manière à comprendre les différents usages existants, mais aussi les besoins de nouveaux usages.

La troisième étape est la réappropriation des observations. Les matériaux que constituent les observations sont classés, organisés et triés de telle manière que des idées fortes émergent et puissent ensuite être traduites en prototype.

La quatrième étape est celle de la créativité. En mobilisant des techniques de créativité (*brainstorming*, rupture créative, *workshop*), et en fonction des idées clés de l'observation, il s'agit de proposer des idées qui seront classées en fonction de leur attractivité et de leur faisabilité.

La cinquième phase est celle du prototypage. Les principales idées issues des séances de créativité sont immédiatement traduites en prototypes afin de tester les fonctionnalités et se représenter l'innovation pour mieux la comprendre et l'envisager de manière concrète et opérationnelle. Cette étape est clé dans un dispositif de *design thinking*. Il y a deux approches en *design thinking* : celle qui affirme la nécessité des designers et l'autre qui dit que la notion de prototypage peut se faire sans designers. Le plus important est en fait de transformer les idées en un objet pour des produits ou des représentations pour les services avec des caractéristiques esthétiques et de scénarisation. L'invention, avant de devenir innovation, doit être appropriée et cela passe par une mise en scène d'usage de cette invention.

La sixième étape est celle du test. Le prototype est soumis aux tests des utilisateurs afin de vérifier si le bien ou service conçu s'inscrit dans les usages et apporte un plus par rapport à ces derniers[1].

Le *design thinking* est une méthode d'innovation en mode agile. Les idées qui viennent de l'observation des besoins des bénéficiaires sont très rapidement prototypées pour être testées de manière itérative. Les fablab (lieu où tout un chacun a accès à des ressources,

1 Aurélie Marchal, *Innovation organisationnelle et transformation managériale par le design thinking*, 2013.

notamment technologiques, pour fabriquer) illustrent cette nouvelle manière de faire de l'innovation.

Pour fonctionner dans une entreprise, le processus de *design thinking* nécessite que l'ensemble de l'organisation (ou tout du moins une majorité de personnes) accepte et comprenne la philosophie du dispositif. Toute personne peut être à l'origine d'une innovation en prenant comme prisme les notions de besoins et de prototypage.

Conclusion

Cascade de non-opérabilité, évolution des postures managériales, quelles perspectives de développement pour les managers des grandes organisations à l'aune de la transformation digitale ?

L'expérimentation menée par le Groupe AG2R LA MONDIALE est riche d'enseignements. L'observation de cette dernière et ses résultats nous invitent à proposer des hypothèses d'explication à la fois sur la transformation digitale et sur la fonction de manager que nous percevons en profonde mutation.

La cascade de non-opérabilité

Un premier retour d'expérience tient dans ce que nous nommons la cascade de non-opérabilité. De manière plus littéraire, nous parlons aussi d'« écume velléitaire » pour signifier la chute entre l'intention, la participation, la finalisation et l'utilisation d'une innovation digitale.

Cette chute, sous réserve de validation, pourrait s'appliquer à d'autres formes d'innovation du changement et du déploiement d'une innovation.

Dans le cadre de l'expérimentation menée par le Groupe AG2R LA MONDIALE, nous avons réalisé en premier une enquête qui faisait apparaître une forte proportion de managers ayant l'intention de tester de nouvelles formes de management avec l'outil digital. Nous avions environ 80 % d'intention environ et des taux d'intérêt supérieur à 90 % avec un constat sur l'importance du digital dans la société et le fonctionnement de l'entreprise.

L'observation des mêmes managers pendant le séminaire au cours duquel ils devaient définir les fonctionnalités d'une application digitale pour le management a montré que 40 % participaient activement et étaient moteurs dans les groupes de travail. Entre l'intention et la mise en mouvement pour s'inscrire dans la dynamique de réalisation, il y a une chute de 50 %, représentant 300 personnes environ. Ce qui correspond à la plus forte chute en nombre.

Presque tous disent que c'est important mais seulement une moitié décide d'investir une démarche pour expérimenter le sujet. Cela est à relativiser du fait que les personnes observées étaient en séminaire et non dans le cadre de leur activité quotidienne. L'observation des quatre ateliers de travail a montré qu'une petite partie de managers prennent le pouvoir sur les autres du fait de leur technicité, de leur charisme, de leur dimension entrepreneuriale mais aussi du fait que les autres les laissent faire et optent pour un attentisme avec un semblant de participation.

Cette proportion de managers qui se mettent en posture de finalisation est de 20 %. Nous avons encore une chute de 50 %, mais en valeur absolue cela ne représente que 150 personnes. Sur une population de 700 managers, seuls 20 % se sont mis en situation de proposer de manière finalisée les fonctionnalités de l'application. Le dernier chiffre traite de l'utilisation de l'application. La formalisation des fonctionnalités a ensuite été utilisée pour développer une application qui a été déployée selon les modalités décrites dans l'ouvrage. Seuls 10 % des managers ont réellement téléchargé et utilisé l'application. Comment interpréter ce chiffre aussi bas ? L'application répond-elle à un besoin ? On aurait tendance à répondre par la positive, car les managers ont défini ensemble les fonctionnalités. Est-ce un chiffre normal que l'on retrouve dans la littérature en marketing sur les *early adopters* ? Était-ce la peine d'embarquer tous les managers dans un programme de cette importance ? L'essentiel n'est-il pas dans la démarche d'acculturation au digital par la pratique plutôt que dans la formalisation d'une application ?

LA CASCADE DE NON-OPÉRABILITÉ : LES CHIFFRES

- 80% affirment un intérêt et une utilité
- 40% participent activement aux projets
- 20% s'intéressent à la finalisation
- 10% mettent en application

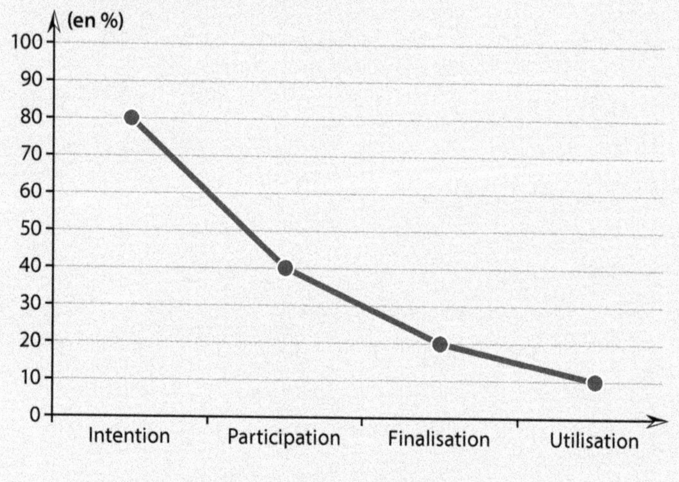

Utilisation de l'App Connect & Moi® : les chiffres

- 11 000 collaborateurs ;
- 1 200 managers dont 750 managers opérationnels COMOP ;
- 1 622 téléchargements de l'application *smartphone* en avril 2017 soit 14 % des effectifs du Groupe :

- sur la période de déploiement (septembre-novembre 2016) : 91 % des téléchargements totaux de l'App (soit environ 1484 téléchargements) dont 79 % issus des sites sur lesquels l'App a été présentée dans des réunions dédiées,
- post-période de déploiement (décembre 2016-avril 2017) : 10 % des téléchargements totaux (soit environ 138 téléchargements) ;

- parmi les managers ayant participé au processus de coconstruction, 44 % ont téléchargé l'App, essentiellement sur la période de déploiement.

La figure ci-dessous représente la part des fonctionnalités utilisées par les utilisateurs connectés.

PART DES FONCTIONNALITÉS UTILISÉES

Conversation **1 %**
Profil statistique **2 %**
Enquête métier **4 %**
Aide **6 %**
Suggestion profil **5 %**
Recherche collaborateur **10 %**
Résultat initiative **6 %**
Initiative **8 %**
Mon profil **10 %**
Résultat recherche collaborateur **10 %**
Login **40 %**

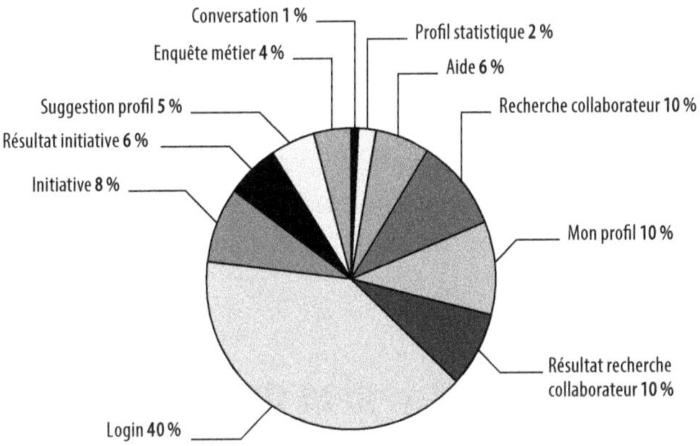

- Sept versions de l'App développées et livrées par les équipes internes sur les *stores* en quatorze semaines pour corriger les bugs, mais également pour ajuster l'App en fonction des statistiques de connexion pour en optimiser l'utilisation.

Ces quelques chiffres nous apparaissent intéressants. Que nous apprennent-ils ?

- Coconstruire avec ses clients pour multiplier par 4 les primo-utilisateurs (*early adopters*) : à processus de déploiement et de communication égal, coconstruire un projet avec les utilisateurs, les maintenir en tension par du *community management* tout au long du projet, les associer à chacune des phases amène un taux de téléchargement du produit fini et développé presque 4 fois supérieur à celui de la population qui n'a pas participé au processus de coconstruction et qui a simplement bénéficié d'un accompagnement au changement classique (présentation sur site, support remis, communication sur les différents canaux du groupe, challenge local sur nombre de téléchargements, etc.).
- Développer régulièrement et abandonner rapidement des applications internes pour que les modes de fonctionnement des « *insiders* » salariés de l'entreprise soient holomorphiques des comportements des « *outsiders* » clients de ces mêmes organisations : selon Yahoo (2016), 30 % des App ne sont plus utilisées au bout d'une semaine. Ces dernières restent toutefois installées sur le *smartphone* pendant une durée moyenne de douze semaines avant d'être supprimées. L'application Connect & Moi® ne déroge pas à cette statistique. Développer le mode de collaboration à l'aune du digital ne serait-ce donc pas développer régulièrement de nombreuses App plutôt que d'insister dans le temps pour installer l'App dans les us et coutumes de l'organisation ?

Vers d'autres typologies de managers

Le retour de certains managers et l'observation dans le cadre de l'expérimentation menée par AG2R LA MONDIALE tendent à montrer qu'il y a une différence entre les dispositifs de coopération et la coopération réelle, comme l'illustre le propos d'un manager : « Bien sûr, nous sommes invités à participer et à coopérer entre nous pour trouver des choses qui n'existent pas, mais dans la plupart des cas, tout le monde fait semblant, nous imitons la coopération sans la réaliser, c'est comme une formule de politesse, on l'applique sans toujours se soucier de ce qui la motive et de son utilité. »

Ce commentaire nous amène à nous interroger sur la valeur coopérative de tous ces dispositifs. La coopération se fait plus sur la forme que sur le fond. Les sujets de fond tels que les investissements, les nominations et la rémunération échappent à ces dispositifs. Tous les grands groupes regardent avec intérêt les start-up pour s'inspirer de leur agilité (voir le courant du Lean start-up) et de leurs capacités à coopérer sur le fond (le produit, les marchés, le client, les rémunérations, les augmentations de capital). Cela est-il envisageable dans des plus grands groupes ?

Par ailleurs, il est légitime de se poser la question des perspectives à suivre pour les Directions des ressources humaines dans l'accompagnement des managers de leurs organisations. Comment aider les managers à être des leviers d'accompagnement à la transformation digitale ?

Là encore, si les modèles de compétences classiques attendus pour les managers du monde industriel restent et resteront d'actualité (piloter la performance, porter le sens, accompagner le changement, communiquer, animer l'équipe, développer ses compétences, partager la vision, etc.), il est nécessaire de développer et expérimenter de nouveaux modes d'apprentissage (hybrides, *ad hoc*, fondés sur l'association du faire et de la réflexivité) qui pourraient suivre cinq axes de force qui nous paraissent clés pour accompagner les managers dans la transition digitale. Nous proposons pour terminer cet ouvrage de partager cinq perspectives, cinq points d'appui autour desquels imaginer, expérimenter, construire les politiques de développement RH de demain.

5 COMPÉTENCES MANAGÉRIALES À RENFORCER À L'AUNE DU DIGITAL

Être une sentinelle des changements sur son secteur
Connaître les nouveaux modèles économiques, les nouvelles formes d'organisation et les nouveaux processus de création. Savoir se repérer dans ces nouveaux univers protéiformes et s'y intégrer pour s'en inspirer.

Expérimenter pour développer l'agilité et la réactivité
Repérer et protéger des zones d'expérimentation. Parvenir à les faire coexister avec les processus plus classiques de l'organisation. Assurer leur ré-intégration dans l'entreprise et réussir leur passage à l'échelle. Faire de ces expérimentations des sources d'apprentissage collectif pour toute l'équipe.

Animer la diversité dans son équipe
Revenir sur les évolutions de la société qui impactent l'entreprise et son management. Appréhender la gestion des différences au sein de son équipe. Tirer parti de la diversité pour augmenter la valeur ajoutée individuelle et collective.

Être un communicant multi-canal
Comprendre les enjeux de la communication omni-canal et les différentes formes de temporalité. Connaître les codes en vigueur, notamment dans l'utilisation des réseaux sociaux. Mettre ces nouveaux outils au service de sa propre communication.

Partager ses idées avec passion
Augmenter l'impact de ses prises de parole en public. Appliquer les techniques qui permettent de captiver son auditoire en quelques minutes.

Leader connecté : être une sentinelle connectée aux changements organisationnels sur son secteur d'activité

Même si la pyramide des âges des dirigeants des grands groupes a tendance à se rajeunir, il n'en demeure pas moins qu'il est nécessaire d'actualiser régulièrement sa vision du monde. Les modèles d'organisation évoluent très vite. *Open innovation*, fonctionnements en écosystèmes ouverts, aplatissement des lignes hiérarchiques, modification profonde des chaînes de valeur sont autant d'éléments, non exhaustifs, que le manager doit connaître certes, mais surtout être capable de transposer dans son environnement organisationnel et managérial. Tous ces éléments travaillés et publiés par des chercheurs du monde entier doivent être revisités régulièrement mais surtout passés au filtre personnel de chacun des acteurs de l'organisation managériale. Le leader ne doit pas forcément être connecté aux outils – il l'est déjà en tant que citoyen de la société civile – il doit être connecté à la diversité des acteurs et modes d'organisation pour tester et rechallenger régulièrement ses façons de faire. S'organiser pour centrer son action là où elle maximise la valeur apportée par son activité. S'interroger régulièrement sur son organisation, essayer, tâtonner, s'approprier les modèles actuels.

Leader innovateur : expérimenter pour développer l'agilité et la réactivité

Dans les pages précédentes, nous avons beaucoup évoqué l'enjeu des zones d'expérimentation pour les organisations, mais également les tensions générées sur le management dans un contexte de transition numérique. Mais quelle est la valeur apportée par le manager dans ces modèles d'innovation ? Deux points majeurs se dégagent. Le premier vise à se servir des zones d'expérimentation pour apprendre dans son périmètre. Le droit à l'erreur étant un point déterminant des zones d'expérimentation, il est nécessaire de centrer ces zones, là où les apprentissages sont majeurs (connaître/pénétrer un nouveau marché, développer une nouvelle compétence, utiliser une nouvelle technologie, travailler avec des acteurs de nature inconnue, etc.). Le manager, à chaque fois qu'il doit explorer un nouvel univers représentant un changement majeur, doit avoir le réflexe de penser petit, dans des temps courts et en zone d'expérimentation pour apprendre et emmener son équipe vers l'apprentissage de ces nouveautés. Au-delà de l'intérêt de ce mode d'apprentissage, il apporte également sens et espace d'engagement à une équipe parfois lassée de l'application de procédures perçues comme déresponsabilisantes. Il a enfin le bénéfice de stimuler les équipes, de les faire collaborer de façon différente, dans des relations souvent a-hiérarchiques ; cette approche, si elle ne trouve pas un bénéfice dans le succès « opérationnel » direct de la zone d'expérimentation, se ressent dans la vie quotidienne plus « industrielle » de l'équipe. Dans ce premier point, les managers innovateurs doivent donc apporter de la valeur en centrant l'objectif de leurs zones d'expérimentation sur des nouveautés et besoins d'apprentissage. La zone d'expérimentation peut alors se voir comme la première réalisation concrète de leur vision.

Par ailleurs, un second point qui nous semble majeur dans la valeur apportée par le manager innovateur, c'est sa capacité à bien identifier les frontières de cette zone d'expérimentation et à la protéger. Dans un contexte de coexistence de modèles d'organisation industriels et innovants propres à la transition digitale, l'organisation a tendance à faire porter les freins et procédures sur les zones d'expérimentation, condamnant ainsi toute possibilité de succès ou d'apprentissage. Le manager doit dans son cadre de responsabilité protéger ces zones grâce à ses capacités d'influence, de persuasion et de fédération d'acteurs aux intérêts parfois divergents. Protéger ces zones, c'est permettre d'autres modes de fonctionnement pour les équipes et maximiser ses chances de succès.

De plus, le manager innovateur par son réseau, interne et externe, ses capacités de curation, son intuition doit associer, dès le lancement de ces zones d'expérimentation, l'ensemble des compétences nécessaires à la réussite de ces dernières. Pour cela, il doit avoir un temps d'avance pour faire coexister les temps longs de l'entreprise industrielle, bien souvent séquentiels et les temps courts inhérents aux processus agiles des zones d'expérimentation.

Enfin, le manager innovateur doit ainsi avoir la capacité, une fois l'expérimentation menée, de réintégrer l'entreprise industrielle et de profiter de sa puissance de démultiplication. Là encore, ce sont des compétences bien spécifiques que le manager doit développer ou apprendre à développer. Sans quoi, la zone d'expérimentation n'aura que peu d'impact sur le business model et la capacité d'adaptation de la grande organisation. La zone d'expérimentation ne se termine donc pas avec le livrable du prototype, mais par une appropriation par l'ensemble des fonctions traditionnelles de l'entreprise de ce prototype devenu produit, processus de gestion ou encore nouvelle pratique.

Incarner sa vision dans des zones d'expérimentation, protéger les frontières de ces zones, fédérer l'ensemble des acteurs de l'organisation pour mettre à profit les talents de l'entreprise dans la réussite de l'expérimentation et enfin être capable de réintégrer l'organisation industrielle sont quatre qualités essentielles du leader innovateur.

Leader animateur : animer la diversité dans son équipe

Nous l'avons évoqué dans la première partie de cet ouvrage (chapitre 9), l'entreprise peut être regardée comme « un petit bout de société civile ». Insérés dans le tissu socioéconomique, les 25 millions de salariés que compte la société française représentent presque 40 % de cette dernière. Ils peuvent en ce sens être regardés comme un échantillon représentatif :

- les craintes et difficultés rencontrées sur le pouvoir d'achat dans la société civile se retrouvent dans l'entreprise sur les aspirations des salariés quant à l'augmentation de leurs revenus ;
- la société de loisirs qui se développe depuis la seconde guerre mondiale influe fortement sur le besoin d'un meilleur équilibre entre temps personnel et temps professionnel ;
- l'accès quasi universel à l'information par l'essor fulgurant d'internet associé à la judiciarisation progressive des relations dans la société civile fait naître des problématiques sociétales nouvelles. Un patient qui consulte un médecin ne vient plus chercher une solution pour résoudre le mal dont il souffre, il vient proposer son analyse clinique au professionnel de santé et bénéficier d'une ordonnance pour le traiter. Il a accès à un ensemble de bases de données et d'éléments le positionnant dans une posture (perçue) d'expertise face au professionnel de santé perturbante pour ces derniers. De même, dans le monde du travail, et malgré l'évolution rapide et profonde des réglementations sociales, les salariés sont très au fait de leurs droits et des règles en vigueur, positionnant rapidement la relation

avec leurs managers sur un volet juridique en oubliant parfois que le droit est le recours ultime quand les relations humaines et le dialogue ont échoué ;

- la recrudescence du phénomène religieux (observée notamment dans les études Randstat 2016 et du Cefrelco) dans la société civile et les questions posées sur la laïcité se retrouvent également dans l'entreprise parfois dans les moments de convivialité autour des interdictions alimentaires, parfois autour de rites et prières induites par les appartenances religieuses, enfin sur le calendrier des fêtes nationales parfois incompatible ou contradictoire avec les calendriers religieux ;
- les grands combats sociétaux (le handicap, l'égalité homme-femme, le mariage pour tous, l'égalité des chances, etc.) se retrouvent également dans l'entreprise.

Cette liste n'est évidemment pas exhaustive et chacun des sujets proposés mériterait à lui seul un ouvrage, mais elle permet de percevoir l'étendue de la tâche des managers qui, au quotidien, sont confrontés à ces sujets. S'ils doivent bien évidemment connaître l'essentiel des règles en vigueur à leur propos, on comprend bien que l'essentiel des défis tourne autour de l'harmonie de la vie dans les équipes pour faciliter la vie d'un collectif apaisé et engagé dans la réalisation de son activité. Cela impose une posture d'écoute, de compréhension, d'empathie, clé dans la réussite du collectif.

Dans un climat de crispation sociale et de quête de sens, le manager, lui-même salarié et parfois porteur de ces doutes, doit s'appuyer sur ses pairs pour imaginer des solutions *ad hoc*, créer du lien, et apaiser les relations. Il lui est essentiel de regarder ces phénomènes, de les comprendre, d'être en prise avec l'évolution de la société civile pour prendre du recul sur ces éléments, ne pas se sentir responsable de ces crispations, mais plutôt agir en unificateur, en liant au sein de ses équipes. Valoriser les diversités, les regarder comme autant d'individualités source de valeur ajoutée pour le collectif. Aider à valoriser la différence comme complémentarité au collectif.

Travailler à l'interculturalité des équipes est, nous semble-t-il, un défi nouveau pour le manager qui, s'il a toujours dû exercer cela, se trouve confronté à une recrudescence de sujets sur lesquels sa responsabilité est majeure en cas de conflit.

Nous avons donc proposé de qualifier d'« animateur » cette forme de leadership en faisant référence au latin *anima* (l'âme ou encore la « manifestation de l'individu comme être pensant[1] »). Le manager dans une société en transformation doit donc aider à donner du sens aux équipes, repositionner l'action dans le sens global de l'organisation, assurer le lien entre les équipes, faciliter grâce à l'interculturalité l'accès à un climat pacifié des relations au travail.

Leader communiquant : être un communicant multicanal

Le monde de la communication connaît lui aussi de profondes mutations. Nous lisons partout que nous vivons dans un monde ultraconnecté dans lequel l'individu, stakhanoviste des temps modernes, serait en réunion avec des collègues, mais dans la même unité de lieu et de temps, en train de téléphoner à quelqu'un, en même temps qu'il rédige un SMS à sa famille et voit apparaître en continu les alertes informatives de son *smartphone* sur les derniers résultats de l'équipe de foot qu'il soutient. Nous sommes inondés d'outils de communication *hardware* au premier rang desquels le *smartphone*, mais également d'applications et de réseaux sociaux favorisant toujours plus de connectivité aux autres et à distance. Mais les outils suffisent-ils à comprendre l'évolution des stratégies de communication qu'ils induisent ?

La stabilité des effectifs dans les grandes entreprises mettant au cœur de leur stratégie le maintien dans l'emploi nécessite de rechallenger la vision qu'ont les managers des façons de communiquer dans le monde d'aujourd'hui afin de s'adapter au management des nouvelles générations qui ont dans leur ADN ces nouvelles modalités, mais également pour faire face aux nouveaux entrants

1 www.cnrtl.fr

digitaux et agiles (appelés « barbares » par Pierre Giorgini dans son ouvrage *La Transition fulgurante*[1]) qui frappent à la porte des marchés traditionnels des grandes entreprises.

Nous venons en effet d'un monde de la consommation de masse dans lequel le marketing et la publicité avaient pour objet principal de rendre désirables des objets qui ne l'étaient pas. Peu importe le besoin des futurs consommateurs, c'est le rêve et la promesse vendus qui primaient pour déclencher l'achat du produit. Quand Deleuze parlait du désir, il précisait qu'on ne désirait pas un objet, on désirait l'univers auquel faisait accéder l'objet[2]. Dans cette ère de la désirabilité, la ménagère visionnant les communications sur une marque de machine à laver le linge désirait non pas la machine à laver, mais le gain de temps et la liberté que cette dernière pourrait lui accorder.

La transformation qui s'opère dans les économies de marché touche précisément à la fin de cette période de création d'une désirabilité autour du produit. Les consommateurs en quête de sens, de consommation responsable, préfèrent l'information venue de la communauté à celle de la communication institutionnelle. La défiance accordée au monde de l'image transforme la communication *top down* dont la véracité de l'information est garantie par l'institution (à laquelle on accorde sa confiance) à une communication beaucoup plus communautaire et concentrique – le *peer to peer* auquel nous faisions référence précédemment. Le consommateur/client est le plus à même de me renseigner moi/client. Le mieux placé pour m'installer dans une situation de confiance et de désirabilité est le consommateur lui-même. Mieux, la confiance et la désirabilité maximale sont générées par le fait de m'associer directement à la création du produit qui répond à mon besoin.

Ce changement sociétal peut paraître anodin, mais transforme profondément les stratégies de communication des organisations qui, si elles n'opèrent pas de changement dans leurs stratégies,

1 Pierre Giorgini, *La Transition fulgurante - Vers un bouleversement systémique du monde*, Bayard Culture, 2014.
2 Gilles Deleuze, documentaire « L'Abécédaire de Gilles Deleuze », Éditions Montparnasse, 1988.

pourraient faire face à une crise de confiance dangereuse pour leurs business models. L'ensemble des composantes de l'organisation sont donc autant de relais de communication de l'organisation elle-même, avec au premier plan les managers.

Le manager, quel que soit son niveau, est à présent au cœur des stratégies de communication. Il l'était en portant les propos de sa direction générale, relayant les messages et documents créés pour lui et diffusés par lui à ses équipes (ère de la désirabilité), il l'est à présent en associant ses clients (internes ou externes) et collaborateurs à la création des produits/procédures/outils dont il a la responsabilité, mais également en leur laissant la place pour communiquer entre pairs.

La posture managériale se transforme donc par un accroissement du lâcher-prise et de la confiance portée dans son organisation quant à sa capacité notamment à réagir vite face à des situations de dysfonctionnement ou de remontées clients pour changer en profondeur (et pas que dans des promesses de communication ou des messages bien tournés) son produit/procédure/outil.

Mais cette nouvelle ère de communication n'impacte pas que les business de la grande entreprise, elle impacte également sa façon de recruter. Dans des marchés en tension pour trouver des compétences rares, les cabinets de recrutement voient également leurs modèles fortement évoluer. Le manager est la première porte d'entrée pour une future recrue. En lien sur les réseaux sociaux (LinkedIn, Viadeo, Twitter, etc.), managers et futures recrues échangent, partagent et le moment venu, se rencontrent et décident de s'associer. Si le manager cherche à rendre désirables son organisation, son profil, son caractère, ses ambitions par des promesses, le futur salarié rejoindra l'organisation, mais la quittera aussi rapidement qu'il l'aura rejointe. Les managers des grandes organisations doivent donc être le plus transparents possibles sur leur culture, les profils recherchés, les manières de collaborer, quitte à travailler à les faire évoluer pour ne pas être en décalage avec les attentes d'un marché des talents en tension.

Leader inspirant : partager ses idées avec passion

Enfin, et c'est à notre sens le dernier changement majeur directement lié au paragraphe précédent, les managers, premiers communicants des organisations, sont multisollicités sur les activités dont ils ont la responsabilité. Dans des groupes internationaux, multisites, il est devenu quotidien de communiquer à partir de vidéos courtes mettant en avant le manager pour porter un message relevant de son périmètre de responsabilité. Il est régulièrement sollicité pour présenter le même sujet à des publics et sur des durées différentes, souvent au pied levé. Le matin, présentation du volet organisation de son activité à une instance représentative du personnel, le midi, déjeuner avec des clients pour travailler avec eux à ce même projet, l'après-midi, rencontre avec des équipes projets à fédérer autour de ce même projet et enfin, le soir, avec des administrateurs du Groupe auquel il appartient pour susciter l'adhésion de ses actionnaires. Mais cet exemple ne devient réaliste que si l'on convient que ce même manager impulse bien souvent de nombreux projets en parallèle nécessitant une adaptation continue au format, au public et à la durée qui lui sont proposés.

Afin de faire face à cette ère de la communication perpétuelle, le manager doit s'appuyer sur deux outils qui deviennent essentiels pour réussir dans ses missions : le *storytelling* et les techniques du *pitch* notamment. Comme nous l'avons évoqué dans les paragraphes consacrés au leader animateur et au leader communiquant, il est primordial, que ce soit pour ses équipes (salariés) ou pour les parties prenantes à l'organisation (clients, actionnaires, autres directions, partenaires extérieurs), de remettre du sens autour des actions à réaliser. Dans un monde en mouvement permanent, il faut perpétuellement « raconter l'histoire » du projet, l'histoire du produit, l'histoire de l'organisation pour susciter l'adhésion. Dans cette nouvelle ère de la communication, il n'appartient plus au communicant d'inventer le sens de l'action, il appartient à chacune des parties prenantes de l'organisation de construire et porter le sens de l'action avec ceux qui la font et ce de façon multimodale. Le manager est au premier plan et doit donc s'outiller.

Bibliographie

Autissier D., Métais-Wiersch E., *La Transformation digitale des entreprises*, Eyrolles, 2016.

Autissier D., Moutot J.-M., *Méthode de conduite du changement*, Dunod, 2016, 4e éd.

Autissier D., Giraud L., Johnson J. K., *Les 100 Schémas du management*, Eyrolles, 2015.

Autissier D., Moutot J.-M., *Le Changement agile*, Dunod, 2015.

Autissier D., Lange A., Houlière S., *Penser management*, Eyrolles, 2013.

Bales R. F., « Rôles centrés sur la tâche et rôles sociaux dans des groupes ayant des problèmes à résoudre », *in* Lévy, A., *Psychologie sociale*, Paris, Dunod, 1972, p. 263-277 ; Interaction Process Analysis, Addison Wesley Press, 1950.

Beck K., *Extreme Programming Explained: Embrace Change*, Addison-Wesley, 1999.

Brown T., *Change by Design: How Design Thinking Transforms Organizations and Inspires Innovation*, Harper Business, 2009.

Brown T., Katz B., *L'Esprit design. Le design thinking change l'entreprise et la stratégie*, Pearson, 2010.

Deleuze G., documentaire « L'Abécédaire de Gilles Deleuze », Éditions Montparnasse, 1988.

Dupuy F., *La Fatigue des élites*, Le Seuil, 2005.

Giorgini P., *La Transition fulgurante*, Bayard, 2014.

Marchal A., *Innovation organisationnelle et transformation managériale par le design thinking*, 2013.

Martin J., *Rapid Application Development*, Macmillan, 1991.

Ries E., *Lean start-up*, Pearson, 2016.

Rosa H., *Social Acceleration*, Columbia University Press, 2013.

Saint-Arnaud Y., *Les Petits groupes. Participation et animation*, Montréal, Gaëtan Morin éditeur, 2008, 182 p.

Saint-Arnaud Y., *Petit code de la communication*, Montréal, Les Éditions de l'Homme, 2004, 123 p.

Saint-Arnaud Y., *Revue québécoise de psychologie*, vol. 25, janvier 2004.

Schwaber K., Beedle M., *Agile Software Development With Scrum*, Prentice Hall, 2001.

Les auteurs

David Autissier

Directeur de la Chaire ESSEC de l'Innovation Managériale et de l'Excellence Opérationnelle (IMEO) et de la Chaire ESSEC du Changement depuis 2010, David Autissier dirige de nombreuses recherches sur le thème de la transformation des organisations.

Il enseigne, à l'IAE Gustave-Eiffel de l'université Paris-Est Créteil et à l'ESSEC, la gestion du changement, le pilotage des organisations et le management. Il a obtenu un doctorat en sciences de gestion de l'université Paris I Panthéon-Sorbonne en 1997 et son habilitation à diriger des recherches en 2011. Spécialiste du changement, il accompagne de nombreux grands groupes français et étrangers dans leur stratégie de transformation (organisationnelle, technologique, culturelle, managériale). Il est l'auteur de nombreux articles et ouvrages en management en français, anglais, allemand, coréen et mandarin dont *La Transformation digitale des entreprises* (Eyrolles, 2016), *Le Changement agile* (Dunod, 2015), *Agir en mode Delivery* (Eyrolles, 2014), *Passez en mode workshop* (Pearson, 2013), *Tout changer* (La Martinière, 2012). Il intervient comme conférencier sur les thématiques du changement et du management.

Alexandra Lange

En tant que directrice du développement RH du Groupe AG2R LA MONDIALE, Alexandra Lange anime, en déclinaison de la politique RH, l'action des équipes en matière d'emploi, de compétences, de formation et d'accompagnement dans le souci d'apporter des réponses personnalisées et de proximité aux 11 000 collaborateurs du groupe.

Face à une transformation aux multiples visages (digitale, réglementaire...), et dont on ne connaît à ce jour ni le rythme, ni la profondeur, ni le calendrier, l'objectif qu'elle poursuit avec les équipes est de penser, expérimenter et déployer des actions d'accompagnement individuelles et collectives qui pourront, le moment venu, « passer à l'échelle ».

Pour soutenir ces défis, Alexandra Lange travaille avec les équipes sur des projets de « rupture » pour mener à bien la transformation digitale du développement RH : plateforme digitale de sécurisation des données RH, HR data analytics, digitalisation du recrutement, environnement d'apprentissage continu...

Sébastien Houlière

Sébastien est diplômé de Dauphine et titulaire d'un DESS de Gestion des ressources humaines à l'université Paris I Panthéon-Sorbonne. Responsable du développement managérial au sein du Groupe AG2R LA MONDIALE, il a travaillé dans des contextes de fusions et de transformations et a fait de la politique managériale de ce groupe un outil de rapprochement des cultures et des pratiques. Depuis 2014, il se consacre à accompagner les managers du Groupe AG2R LA MONDIALE dans la transformation digitale. Pour ce faire, il s'appuie sur le développement de zones d'expérimentation ancrées dans la réalité de l'entreprise et le développement de solutions innovantes impliquant l'ensemble de l'organisation pour mettre en situation les managers et les aider à développer de nouvelles postures facilitant l'émergence de solutions digitales.

Remerciements

Des remerciements particuliers à tous ceux qui ont participé à la belle expérience relatée dans cet ouvrage. Nous pensons à Stéphane, sans qui cette idée ne serait jamais devenue projet, à Christine, Géraldine, David et Pierre pour leur énergie sans cesse renouvelée, leurs convictions, et leur professionnalisme constant dans l'animation des séminaires de mobilisation, à Mathieu super PO, Blandine Hetet pour son regard avisé et sa contribution importante, notamment dans la partie 3, une palme d'or à Peggy, Marie, Sabrina et l'ensemble de nos acteurs studio (Barbara, Sylvain, Nathalie, Anna, Jonathan, Marine, Hugo et Marie-Claude) pour leurs magnifiques images et scenarii, à Brigitte pour son enthousiasme communicatif, à Christian l'alchimiste qui transforme les carrés en ronds, à Antoine et Fabrice pour avoir mobilisé avec intérêt et passion les expertises de leurs équipes dans la création de l'App, à Emmanuel, Emilia et Yoann pour avoir transformé nos risques en opportunités, à Magalie et Antoine gardiens de la navigation et de la police, à Sandrine, Taous, Gilles, Philippe, Ginette, Sabria, Sylvain et Fanny pour leur implication dans la création des algorithmes RH, à Jean-Marc, Philippe, Sylvain, Yvon, et Patrick pour leur implication régulière et sans faille dans les Rencontres du management, à Dorothée pour avoir porté à bout de bras l'ensemble de l'organisation de ce projet, à l'ensemble des participants et utilisateurs de Connect & Moi®, et enfin à Paule pour avoir rendu toute cette expérimentation possible !

Index

A

accélération
- changement social 42
- cycle d' 42
- du rythme de vie 42
- technique 42

accompagnement 123

actifs propres 22

action 122

agilité 134

Amazon 21

App 67, 88, 182

App GPS 91

Apple 22, 26

Apple Store 98

application 67

application smartphone 58

apprenant (rôle d') 72

apprentissage 171

ASTREES 46

automatisation 37

autonomie 112

avantage concurrentiel 58

Azendoo 78, 79, 111, 120, 130

B

barrières à l'entrée 22

BD Studio Pratic 76, 111, 130

bonnes pratiques 33, 76

Booking 41

boucle de développement agile 168

build & run 165

C

Capgemini Consulting 29

cascade de non-opérabilité 177

CDO 16

chief digital officer 15, 16
client (rôle de) 170
coconstruction 50, 182
codage 166
codéveloppement 170
cohésion 112, 113
collaboration 69
community management 182
community manager 136
COMOP 67
compagnons du numérique 56
comportements centrés sur la tâche 114
comportements socioaffectifs 114
compréhension 174
conception 167
confidentialité des données 98
Connect & Moi 180
Connectons nos talents (programme) 55
consultant (rôle de) 170
contrôle 39
coopération 64, 183
culture managériale 57

D

débutant bienveillant 124
débutant réfractaire 125
dématérialisation 37
déploiement 166, 167
design thinking 85, 173
désirabilité 190
diffusion virale 98
digital
  application 69, 85
  avantage 29
  culture 27
  écosystème 27
  enjeux 38
  environnement 56
  leadership 133
  maturité 27, 30, 105, 121, 133, 155
  perception 105
  protocole d'animation 113
  savoir-faire 105
  transformation 29, 33, 52, 55
digital display 19
digitale
  compétence 105
  intensité 29
digitalisation leader 17
digital marketing leader 16
digital master 31, 33
digital natif 64, 68
digital strategist 16
digital transformation leader 17
d.school 174
dynamique de groupe 112

E

early adopter 64, 100, 179, 182
e-commerce 64
effet tunnel 168

engagement des jeunes générations au travail 46
entreprenariat 23
expérimentation 49, 68, 122, 124
  zone d' 49
expert 126
expertise 123
  apprenante 127
  pure 126
explorateur (rôle d') 72

F

fablab 175
Facebook 22, 41
facilitateur (rôle de) 72, 78
flexibilité 39
format numérique 76

G

GAFA 21
géolocalisation 92
Google 21
Google Drawings 79, 111, 116, 130
Google Maps 92
Google Play 98
grille de Bales 107
groupe
  autonome 118
  digital 118
  guidé 117
  structuré 117

H

hackathon 69
historique des transactions 39

I

imitation 122, 124
innovation 69
innovation ouverte et collaborative 26
intelligence collective 50, 107
interculturalité 189
iPad 72
iPhone 22, 26

K

Kodak 26

L

leader 117
  animateur 187
  communicant 189
  connecté 184
  innovateur 185
  inspirant 192
ligne managériale 31
livrable transversal 116
logique de compétition 42

M

maîtrise des risques 49
maîtrise d'œuvre 166, 168
maîtrise d'ouvrage 166, 167

manager
  attentiste 131
  digital 131
  indépendant 132
  volontaire 131
matrice d'intensité digitale 31, 35
méthode de gestion de projet PMI 166
méthodes agiles 48, 58, 165, 167
mise en relation 88
MIT 29, 33
mock-up 80, 85
mode agile 175
multicanal 189

N

Napster 99
numérique 18

O

objectif 113, 116
observation 122, 124, 126
observation des usages 174
open innovation 69
organisation agile 25

P

Partage & Moi® 95
peer to peer 98, 99, 190
performance 29
persona 74
plateforme collaborative 78
portabilité 17, 36
portefeuille de produits 25
postures de Saint-Arnaud 108
Prezi 76, 111, 130
primo-utilisateur 100
problématique 170
producteur (rôle de) 72, 106
product owner 168
programmation 166, 167
projet agile 135
prototypage 174, 175
prototype 186

Q

qualité de services associés 38
questionnaire 143

R

RAD 165
Rencontres du digital 68, 111
Rencontres du management 57
répartition des tâches 117
réseau 50, 69
réseaux relationnels 46
réseaux sociaux 41, 92, 191
responsable digital 15

S

satellite 110, 113
scalabilités 24

schéma d'organisation du groupe 116
scrum 135, 165, 167
Sprint (méthodologie) : 136, 165
sécurité des données 27
sérendipité 50, 72
SNCF 38
société civile 188
sprint 135
start-up 23
Stormz 82
storytelling 192
stratégie de conduite du changement 34
système d'information RH 89
système-groupe 109

T

taux de téléchargement 182
techniques de créativité 175
techniques du *pitch* 192
technologie portable 18
technophile 105
test 175
trajectoire de maturité digitale 127

U

Uber 25, 37
usages 174

V

valeur ajoutée d'une chaîne digitale 38
visibilité en ligne 27

W

Waze 92
wireframing 81

X

XP 165

Z

zone d'expérimentation 59, 185
zoning 81

Imprimé en Allemagne par BoD
Dépôt légal : janvier 2022

www.ingramcontent.com/pod-product-compliance
Ingram Content Group UK Ltd.
Pitfield, Milton Keynes, MK11 3LW, UK
UKHW021043220726
13924UKWH00006B/2244